초보탈출을 위한
▶ 어션영어의

진짜
기초
영어

완결편

동양북스

초보탈출을 위한
▶ 어션영어의

진짜
기초
영어 완결편

초판 1쇄 발행 | 2022년 2월 15일
초판 4쇄 발행 | 2024년 2월 5일

지은이 | 어션
발행인 | 김태웅
기획 편집 | 이지혜
디자인 | design PIN
마케팅 총괄 | 김철영
제 작 | 현대순

발행처 | (주)동양북스
등 록 | 제2014-000055호
주 소 | 서울시 마포구 동교로22길 14 (04030)
전 화 | (02)337-1737
팩 스 | (02)334-6624

ISBN 979-11-5768-775-6 13740

머리말

안녕하세요?

유튜브에서 〈어션영어BasicEnglish〉채널을 운영하고 있는 기초영어 강사 어션입니다.

영어 강사로서 저는 세 가지 목표를 늘 간직하고 살아왔습니다. 첫 번째 목표는 제 강의를 들으시는 학생분들이 영어에 흥미를 가지실 수 있도록 돕는 것이고, 두 번째 목표는 학생분들이 영어의 기초를 제대로 학습하여 한 단계 발전하실 수 있도록 돕는 것이며, 세 번째 목표는 궁극적으로 학생분들께서 누군가에게 영어를 배우는 것을 넘어 스스로 영어를 학습하실 수 있는 수준이 될 수 있도록 돕는 것입니다. 10년이 넘는 시간 동안 기초 영어회화를 가르치면서 많은 학생분들의 기초영어 학습에 도움을 드렸고, 2018년 11월부터 지금까지 유튜브를 통해 기초영어가 필요한 분들께 제 지식과 노하우를 공유하고 있습니다.

저의 첫 번째 책 〈처음부터 시작하는 어션영어의 진짜 기초영어〉에서는 영어를 처음 학습하시는 분들도 쉽고 재미있게 영어를 학습하실 수 있도록 영어에서 가장 쉽고 중요한 내용에 초점을 맞추었으며, 이번에는 첫 번째 책에서 다루었던 기초적인 내용과 더불어 한 단계 더 발전하기 위해 반드시 알아두어야 하는 영어회화에 있어 필수적인 내용도 함께 담았습니다.

이 책을 준비하며 어떻게 하면 기초가 부족하신 분들이 조금 더 쉽게 영어의 기초를 다지실 수 있을지, 어떻게 하면 어렵게 느껴질 수 있는 필수 구조를 조금 더 쉽게 회화에 적용시키실 수 있을지에 대한 많은 고민을 했습니다. 그리고 의사소통이 목적인 영어 학습에서 자주 쓰는 표현을 많이 알아두는 것이 매우 중요하기 때문에 쉽고 중요한 단어 및 표현과 조금 어렵지만 실제 회화에서 자주 쓰는 단어 및 표현을 적절히 다루어 영어의 기초가 부족하신 분부터 한 단계 도약하고 싶은 분들 모두에게 도움이 될 만한 표현을 선정하기 위한 많은 노력을 기울였습니다.

다른 책에서는 만나보지 못했던 어션영어만의 직관적이고 차별화된 설명과 접근 방식을 통해 어렵고 헷갈리게만 느껴졌던 영어 문장구조를 제대로 이해하고 이를 통해 조금 더 자연스러운 회화를 하실 수 있게 되시길 기대합니다. 저는 저의 학생분들께 늘 "영어를 잘하기 위해서는 기초가 탄탄해야 합니다."라고 말해왔습니다. 이 책에서 다루는 내용을 따라 차근차근 학습을 하신다면 영어의 기초를 탄탄히 다지는 것은 물론, 회화 실력도 향상되는 경험을 하실 수 있을 것입니다. 앞으로의 효율적인 영어 학습과 여러분의 영어 실력 향상을 위한 든든한 초석이 되어 줄 것이라고 확신합니다.

이 책이 영어의 기초가 부족하신 분들과 초급자를 벗어나 한 단계 도약하고 싶으신 분들께 많은 도움이 되었으면 좋겠습니다. 영어가 여러분의 삶에 또 하나의 활력소가 되길 바랍니다. 감사합니다.

영어강사 어션

이 책의 구성과 학습법

기초 영어의 준비 과정부터 심화 과정까지 한 권으로 끝!

기본적인 문장 패턴 익히기

각 Unit에는 문장을 만들 수 있는
간단한 문장 패턴과 문법 설명,
예시를 한눈에 파악하도록
보여줍니다.

자주 쓰는 단어 & 영어 문장 말하기

STEP 1과 2
일상생활에서 자주 쓰는 필수 단어와 영어표현을
공부한 뒤 문장으로 학습합니다.
MP3 음원을 통해 5번씩 듣고 따라하세요.

배운 문장 혼자 말해 보기

STEP 3
앞에서 배운 문장이 입에서
자연스럽게 나오는지 확인합니다.

더 알아보기

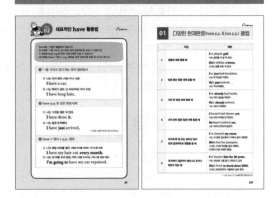

Plus와 부록
본문에서 자세히 다루지 못했거나 설명이 추가로
필요한 부분을 정리합니다.

MP3 무료 다운로드 & 어션영어 유튜브 강의

본 교재는 정확한 영어 발음을 익힐 수 있도록 동양북스 홈페이지 자료실 또는
QR코드로 MP3를 무료로 제공하고 있습니다. 또한 저자 어션 선생님의
유튜브 채널 '어션영어BasicEnglish'에서 동영상 강의를 무료로 제공하고 있습니다.

MP3 다운로드 | www.dongyangbooks.com

MP3 바로 듣기 　 어션영어 유튜브 강의

차례

INTRO   기초 영어 준비 과정

PART 01   기초 영어 필수 과정

Chapter 01   Be동사 필수 구조 총정리

Chapter 02 일반동사 필수 구조 총정리

PART 02 기초 영어 심화 과정

Chapter 03 의미 더해 말하기 (조동사)

Chapter 04   비교하여 말하기 (비교급 & 최상급)

Chapter 05 입장 바꿔 말하기 (수동태)

부록

INTRO

기초 영어 준비 과정

한글에 ㄱ, ㄴ, ㄷ, ㄹ, … 과 같은 문자가 있는 것과 마찬가지로 **영어**에는 **알파벳**이라고 불리는 **26개**의 문자가 있으며, 이는 **대문자**와 **소문자**로 나누어집니다.

영어로 글을 쓸 때 일반적으로 소문자로 쓰지만, **문장의 시작**, **나(I)**, **사람**, **나라**, **도시** 등 **고유한 것의 이름**을 나타내는 단어의 **첫 글자**는 대문자로 표기합니다.

예 **① 문장의 시작**

This is a computer. 이것은 컴퓨터입니다.
[디(th)쓰 트즈(z) 어 컴퓨-럴(l/r)]

② 나(I)

I am excited. 저는 신나요.
[아이 앰 익싸이리드]

③ 사람

Jenny is smart. 제니는 똑똑해요.
[제니 트즈(z) 스말(r)-트]

④ 나라

I live in **E**ngland. 저는 잉글랜드(영국)에 살아요.
[아이 리브(v) 인 잉글른드]

⑤ 도시

I live in **V**ancouver. 저는 밴쿠버에 살아요.
[아이 리브(v) 인 붼쿠-붤(r)]

대문자(왼쪽) / 소문자(오른쪽)			
A a 에이	**B b** 비-	**C c** 씨-	**D d** 디-
E e E- (이-)	**F f** 에프(f)	**G g** 쥐-	**H h** 에이취
I i 아이	**J j** 제이	**K k** 케이	**L l** 엘
M m 엠	**N n** 엔	**O o** 오(우)	**P p** 피-
Q q 큐-	**R r** 알(r)-	**S s** 에쓰	**T t** 티-
U u 유-	**V v** 뷔-	**W w** 더블유-	**X x** 엑쓰
Y y 와이	**Z z** 지(z)-		

1 반드시 기억해야 하는 영어 문장구조

주어 + 동사

주어가 **동사**한다.

- 영어에서 **대부분의 문장**은 **주어**와 **동사**로 시작합니다!
- **주어**는 문장의 주체가 되는 말, 즉 문장의 **주인공**을 말합니다.
  주어는 **명사 자리**로 명사만 문장의 **주인공**이 될 수 있습니다.

2 반드시 알아야 할 용어

① **명사** : 사람, 사물, 나라 등 **이름**을 나타내는 말
　예 Tom(남자 이름), a cup(컵), Korea(한국)

② **동사** : 주로 '**~하다**'로 해석되는 움직임, 행동을 나타내는 말
　예 go(가다), eat(먹다), love(사랑하다)

③ **형용사** : 주로 '**~ㄴ**', '**~한**', '**~의**'로 해석되는 말
　예 good(좋은), happy(행복한), sad(슬픈)

④ **부사** : **부가적 설명**을 덧붙여주는 말
　예 well(잘), slowly(천천히)

⑤ **전치사 + 명사** : 전치사는 명사와 함께 쓰여 (주로) **부가적 설명**을 하는 말
　예 at 7(7시에), in Seoul(서울에서)

3 주어 자리에 자주 쓰이는 명사

I [아이]	나, 저	**He** [히]	그 (남자 1명)
You [유]	너, 당신 (1명)	**She** [쉬]	그녀 (여자 1명)
	너희들, 당신들 (2명 이상)	**It** [잍]	그것 (주로 사물 1개)
We [위]	우리(들) 저희(들)	**This** [디(th)쓰]	이것 (사물) 이분, 이 사람 (사람)
They [데(th)이]	그들 (사람) 그것들 (사물)	**That** [댙(th)]	저것 (사물) 저분, 저 사람 (사람)

4 주어에 따라 바뀌는 Be동사 (Be동사 : am, are, is)

I [아이]	**am** [앰]	**He** [히]	
You [유]		**She** [쉬]	
	are [알(r)]	**It** [잍]	**is** [Ez(z)]
We [위]		**This** [디(th)쓰]	
They [데(th)이]		**That** [댙(th)]	

형용사의 대표적 위치

형용사는 다양한 자리에 위치할 수 있습니다.
형용사의 다양한 위치 중에서 기초 영어 학습자도 반드시 알아야 하는
가장 대표적인 위치는 아래와 같습니다.

1 be동사 뒤에 위치 : be동사 + 형용사

① **happy** : 행복한 (형용사)

② **am + happy** : 행복하다

③ **I am happy.** 나는 행복해.

★ ~**한** 또는 ~ㄴ이라는 뜻의 형용사가 **be동사 뒤에 위치**하여
be동사(am, are, is) + 형용사의 형태를 가지면 **형용사하다**라는
뜻이 됩니다.

2 명사 앞에 위치 : 형용사 + 명사

① **happy** : 행복한 (형용사)

   a person : 사람 (명사)

② **a happy + person** : 행복한 사람

③ **I am a happy person.** 나는 행복한 사람이야.

★ ~**한** 또는 ~ㄴ이라는 뜻의 형용사가 **명사 앞에 위치**하여
형용사 + 명사의 형태를 가지면 **형용한 명사**라는 뜻이 됩니다.

문장을 더 자세하게 말하는 대표적인 방법

완벽한 문장에 부가적 설명을 덧붙여 더 자세하게 말하는 대표적인 방법은 아래와 같습니다.

* 여기에서 말하는 완벽한 문장은 **주어**와 **동사**를 포함한 그 자체만으로도 완벽한 뜻을 이루는 하나의 문장을 뜻합니다. 다시 말해, 부가적인 설명을 포함하지 않은 핵심문장을 말합니다.

1 완벽한 문장 + 부사

- **I'm drinking coffee** now.   나는 지금 커피를 마시고 있어.
- **I drink coffee** every day.   나는 매일 커피를 마셔.
- **I drank coffee** yesterday.   나는 어제 커피를 마셨어.

2 완벽한 문장 + [전치사 + 명사]

- **I'm cooking** in the kitchen.   나는 주방에서 요리를 하고 있어.
- **I cook** in the morning.   나는 아침에 요리를 해.
- **I cooked** for my kids.   나는 내 아이들을 위해 요리를 했어.

PART
01

기초 영어 필수 과정

Chapter

01

Be동사 필수 구조 총정리

미리 알아두실 것

1 동사의 종류

동사는 **be동사**와 일반동사로 나누어집니다.
be동사는 am, are, is를 말하며, '하다, 이다, (~에) 있다'로 주로 해석합니다.
일반동사는 am, are, is를 제외한 나머지 동사를 말합니다.

2 '주어 + be동사' 축약형 만드는 방법

① I am = **I'm** [아임]		
② You are = **You're** [유얼(r)]	We are = **We're** [위얼(r)]	They are = **They're** [데(th)얼(r)]
③ He is = **He's** [히즈(z)]	She is = **She's** [쉬즈(z)]	It is = **It's** [잍츠]

3 'be동사 + not' 축약형 만드는 방법

① am + not은 일반적으로 줄여 쓰지 않습니다.
② are + not = **aren't** [안(r/n)트]
③ is + not = **isn't** [이즌(z)트]

현재 기분, 상태, 위치 말하기

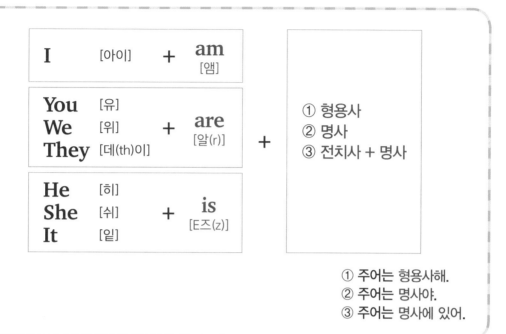

주어에 따라 달라지는 be동사

주어는 I, You, We, They, He, She, It이 자주 쓰이며, 주어에 따라 be동사를 다른 형태로 씁니다.

예 I + am   You / We / They + are   He / She / It + is

be동사의 다양한 뜻

be동사 뒤에는 주로 ① **형용사**, ② **명사**, ③ **전치사 + 명사**가 오며, be동사 뒤에 무엇이 오느냐에 따라 **한국어로 의역할 때 be동사**의 뜻이 달라질 수 있습니다.

① be동사+형용사 : 형용사하다
　예 **I am + 형용사.** → **I am hungry.**
　　　　　　　　　　나는 배고파.
② be동사+명사 : 명사다
　예 **I am + 명사.** → **I am a teacher.**
　　　　　　　　　　나는 선생님이야.
③ be동사+[전치사+명사] : 명사에 있다
　예 **I am + [전치사+명사].** → **I am at home.**
　　　　　　　　　　나는 집에 있어.

단어	1번 말하고 한 칸 체크 ☑☐☐☐☐

	free [프(f)뤼-]	한가한
	ready [뤠리] [뤠디]	준비가 된
	okay [오(우)케이]	(몸, 마음 등의 상태가) 괜찮은
	the manager [더(th) 매니절(r)]	매니저, 관리인
	my everything [마이 에브(v)뤼띵(th)]	나의 모든 것, 나의 전부
	my co-worker [마이 코(우)월-컬(r)]	나의 직장 동료
	at work [앹 월(r)-크]	직장에(서), 회사에(서)
	in Seoul [인 쏘울]	서울에(서)
	on the table [온 더(th) 테이블]	탁자 위에, 테이블 위에

주어 + be + 형용사. / 주어 + be + 명사. / 주어 + be + 전치사 + 명사.

I'm free.
[아임 프(f)뤼-]

나는 한가해.

We're ready.
[위얼(r) 뤠리]

우리는 준비가 되었어.
(현재 준비가 되어 있는 상태)

He's okay.
[히즈(z) 오(우)케이]

그는 괜찮아요.

I'm the manager here.
[아임 더(th) 매니절(r) 히얼(r)]

제가 여기 매니저입니다.

You're my everything.
[유얼(r) 마이 에브(v)뤼띵(th)]

너는 나의 전부야.

She's my co-worker.
[쉬즈(z) 마이 코(우)월-컬(r)]

그녀는 나의 직장 동료야.

I'm at work.
[아임 앹 월(r)-크]

나는 회사에 있어.

They're in Seoul.
[데(th)얼(r) 인 쏘울]

그들은 서울에 있어.

It's on the table.
[잍츠 온 더(th) 테이블]

그것은 탁자 위에 있어.

형용사(빨강), 명사(초록), 전치사+명사(파랑)

다음 문장을 영어로 말해 보세요. 바로 나오지 않으면 Step2를 복습하세요.

1 나는 한가해.

🎤 I'm free.

2 우리는 준비가 되었어. (현재 준비가 되어 있는 상태)

🎤 We're

3 그는 괜찮아요.

🎤 He's

4 제가 여기 매니저입니다.

🎤 I'm

5 너는 나의 전부야.

🎤 You're

6 그녀는 나의 직장 동료야.

🎤 She's

7 나는 회사에 있어.

🎤 I'm

8 그들은 서울에 있어.

🎤 They're

9 그것은 탁자 위에 있어.

🎤 It's

《 정답은 앞 페이지에서 확인하세요.

UNIT 02 현재 기분, 상태, 위치 부정하기

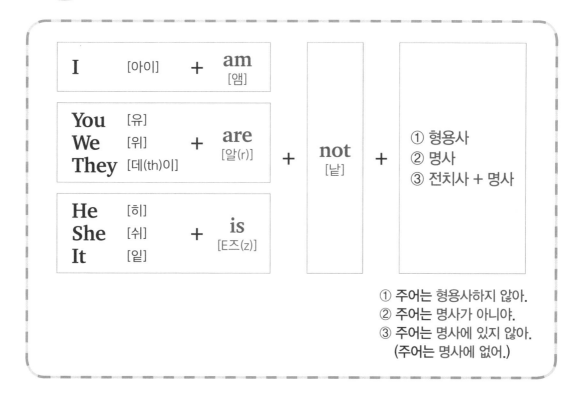

I [아이] + am [앰]				
You [유] We [위] They [데(th)이] + are [알(r)]	+	not [낱]	+	① 형용사 ② 명사 ③ 전치사 + 명사
He [히] She [쉬] It [잍] + is [이즈(z)]				

① 주어는 형용사하지 않아.
② 주어는 명사가 아니야.
③ 주어는 명사에 있지 않아.
(주어는 명사에 없어.)

부정문 만드는 법

be동사(am, are, is) 다음에 **not**을 쓰면 **부정의 의미**(~가 아니다)를 담은 문장 (**부정문**)을 쉽게 만들 수 있습니다.

① be동사+not+형용사 : 형용사하지 않다
   예 **I am not** + **형용사**. → **I am not hungry.**
   나는 배가 고프지 않아.

② be동사+not+명사 : 명사가 아니다
   예 **You are not** + **명사**. → **You are not a teacher.**
   너는 선생님이 아니야.

③ be동사+not+[전치사+명사] : 명사에 있지 않다
   예 **She is not** + [**전치사+명사**]. → **She is not at home.**
   그녀는 집에 있지 않아.

의역할 때 주의할 점

be동사의 현재형(**am, are, is**)이 들어간 문장을 한국어로 자연스럽게 의역하는 경우, 과거의 뜻처럼 해석될 때도 있지만, **현재의 상태**를 말한다는 것을 기억해야 합니다.

단어		1번 말하고 한 칸 체크 ☑☐☐☐☐

	sure [슈얼(r)] [셜(sh/r)]	확신하는, 확실히 아는
	fat [퓉] [풰ㅌ]	뚱뚱한
	heavy [헤뷔]	무거운
	your boss [유얼(r) 보-쓰]	너의 상사, 당신의 상사
	my friends [마이 프(f)뤤즈]	나의 친구들
	my type [마이 타잎]	내가 좋아하는 유형의 사람
	at the mall [앹 더(th) 몰-][앹 더(th) 멀-]	쇼핑몰에(서)
	in America [인 어메뤼카]	미국에(서)
	in the kitchen [인 더(th) 키췬]	주방에(서)

주어 + be + not + 형용사. / 주어 + be + not + 명사. / 주어 + be + not + 전치사 + 명사.

I'm not sure.
[아임 낱 슈얼(r)]

나는 잘 모르겠어.
(확신하지 못함)

You're not fat.
[유얼(r) 낱 퓊]

너는 뚱뚱하지 않아.

It's not heavy.
[잍츠 낱 헤뷔]

그것은 무겁지 않아.

I'm not your boss.
[아임 낱 유얼(r) 보-쓰]

저는 당신의 상사가 아니에요.

They're not my friends.
[데(th)얼(r) 낱 마이 프(f)뤤즈]

그들은 나의 친구가 아니야.

He's not my type.
[히즈(z) 낱 마이 타잎]

그는 내 스타일이 아니야.

I'm not at the mall.
[아임 낱 앹 더(th) 몰-]

나는 쇼핑몰에 있지 않아.

We're not in America.
[위얼(r) 낱 인 어메뤼카]

우리는 미국에 있지 않아.

She's not in the kitchen.
[쉬즈(z) 낱 인 더(th) 키친]

그녀는 주방에 없어.

형용사(빨강), 명사(초록), 전치사＋명사(파랑)

1 나는 잘 모르겠어. (확신하지 못함)

🎙 I'm not sure.

2 너는 뚱뚱하지 않아.

🎙 You're not

3 그것은 무겁지 않아.

🎙 It's not

4 저는 당신의 상사가 아니에요.

🎙 I'm not

5 그들은 나의 친구가 아니야.

🎙 They're not

6 그는 내 스타일이 아니야.

🎙 He's not

7 나는 쇼핑몰에 있지 않아.

🎙 I'm not

8 우리는 미국에 있지 않아.

🎙 We're not

9 그녀는 주방에 없어.

🎙 She's not

《 정답은 앞 페이지에서 확인하세요.

과거 기분, 상태, 위치 말하기

I [아이]	
He [히]	**was** [워즈(z)]
She [쉬]	
It [잍]	

You [유]	
We [위]	**were** [월(r)]
They [데(th)이]	

+

① 형용사
② 명사
③ 전치사 + 명사

① 주어는 형용사했어.
② 주어는 명사였어.
③ 주어는 명사에 있었어.

과거형 만드는 법

be동사(am, are, is)의 과거형을 만들 때 **am, is**는 **was**로 바꾸고, **are**은 **were**로 바꾸면 됩니다.

be동사의 다양한 뜻

was, were(be동사 과거형) 뒤에는 주로 ① **형용사**, ② **명사**, ③ **전치사 + 명사**가 오며, be동사 뒤에 무엇이 오느냐에 따라 **한국어로 의역할 때 be동사의 뜻이 달라질 수 있습니다.**

① be동사 과거형＋형용사 : 형용사했다

　예 **I was ＋ 형용사.** → **I was hungry.**
　　　　　　　　　　　　나는 배가 고팠어.

② be동사 과거형＋명사 : 명사였다

　예 **They were ＋ 명사.** → **They were teachers.**
　　　　　　　　　　　　그들은 선생님이었어.

③ be동사 과거형＋[전치사＋명사] : 명사에 있었다

　예 **She was ＋ 〔전치사＋명사〕.** → **She was at home.**
　　　　　　　　　　　　그녀는 집에 있었어.

단어	1번 말하고 한 칸 체크 ☑□□□□

stressed out
[스트뤠쓰트 아웉][스트뤠쓰다웉]

스트레스 받은

amazing
[어메이징(z)]

놀라운,
놀라울 정도로 좋은

rude
[루(r)-드]

예의 없는,
무례한

an English teacher
[언 잉글리쉬 티-쳘(r)]

영어 선생님

a picky eater
[어 피키 E럴(l/r)]

편식하는 사람,
입맛이 까다로운 사람

roommates
[룸(r)메이츠]

룸메이트들
(같이 사는 사람들)

at the bank
[앹 더(th) 뱅크]

은행에(서)

at the bookstore
[앹 더(th) 북스토얼(r)]

서점에(서)

under the bed
[언덜(r) 더(th) 베드]

침대 아래에

이제 문장으로 말해 볼까요? 🎧 MP3 03-2

주어 + be + 형용사. / 주어 + be + 명사. / 주어 + be + 전치사 + 명사.

I was stressed out.
[아이 워즈(z) 스트뤠쓰트 아웉]

나는 스트레스 받았었어.

It was amazing.
[잍 워즈(z) 어메이징(z)]

그것은 놀라웠어.

You were rude.
[유 월(r) 루(r)-드]

너는 무례했어.

I was an English teacher.
[아이 워즈(z) 언 잉글리쉬 티-철(r)]

나는 영어 선생님이었어.

He was a picky eater.
[히 워즈(z) 어 피키 E럴(l/r)]

그는 식성이 까다로웠어. (의역)

We were roommates.
[위 월(r) 룸(r)메이츠]

우리는 룸메이트였어.

I was at the bank.
[아이 워즈(z) 앹 더(th) 뱅크]

나는 은행에 있었어.

She was at the bookstore.
[쉬 워즈(z) 앹 더(th) 북스토얼(r)]

그녀는 서점에 있었어.

They were under the bed.
[데(th)이 월(r) 언덜(r) 더(th) 베드]

그것들은 침대 아래에 있었어.

형용사(빨강), 명사(초록), 전치사+명사(파랑)

다음 문장을 영어로 말해 보세요. 바로 나오지 않으면 Step2를 복습하세요.

1 나는 스트레스 받았었어.

🎤 I was stressed out.

2 그것은 놀라웠어.

🎤 It was

3 너는 무례했어.

🎤 You were

4 나는 영어 선생님이었어.

🎤 I was

5 그는 식성이 까다로웠어. (의역)

🎤 He was

6 우리는 룸메이트였어.

🎤 We were

7 나는 은행에 있었어.

🎤 I was

8 그녀는 서점에 있었어.

🎤 She was

9 그것들은 침대 아래에 있었어.

🎤 They were

《 정답은 앞 페이지에서 확인하세요.

UNIT 04 과거 기분, 상태, 위치 부정하기

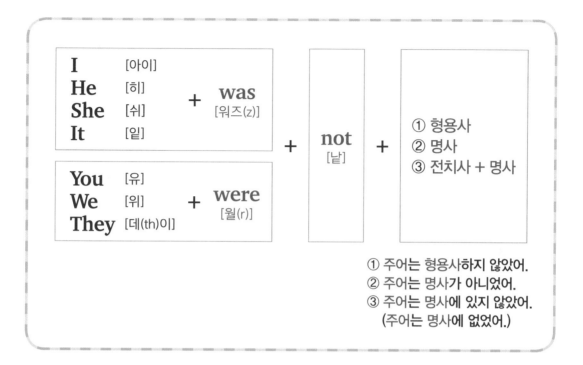

I [아이] He [히] She [쉬] It [잍]	+ was [워즈(z)]		
You [유] We [위] They [데(th)이]	+ were [월(r)]	+ not [낱]	+ ① 형용사 ② 명사 ③ 전치사 + 명사

① 주어는 형용사하지 않았어.
② 주어는 명사가 아니었어.
③ 주어는 명사에 있지 않았어.
  (주어는 명사에 없었어.)

부정문 만드는 법

was, were(be동사 과거형) 다음에 not를 쓰면 부정의 의미를 담은 문장(부정문)을 쉽게 만들 수 있습니다.

예 ① I was hungry.   나는 배고팠어.

② I was not hungry.   나는 배고프지 않았어.

= I wasn't hungry. (★ wasn't는 was not을 줄인 형태입니다.)

※ was not은 wasn't로 줄여 쓸 수 있으며, were not은 weren't로 줄여 쓸 수 있습니다.

| 단어 | 1번 말하고 한 칸 체크 ☑☐☐☐☐ |

nervous
[널(r)-붜쓰]

긴장한

busy
[비지(z)]

바쁜

rich
[뤼취][뤼ㅊ]

부유한

a morning person
[어 몰(r)-닝 펄(r)-쓴]

아침형 인간

your fault
[유얼(r) 폴(f)-트]

너의 잘못

a good person
[어 귿 펄(r)-쓴]

좋은 사람

in the classroom
[인 더(th) 클래쓰룸(r)-]

교실에(서)

in her room
[인 헐(r) 룸(r)-]

그녀의 방 안에(서)

in the park
[인 더(th) 팔(r)-크]

그 공원에(서)

주어 + be + not + 형용사. / 주어 + be + not + 명사. / 주어 + be + not + 전치사 + 명사.

I wasn't nervous.
[아이 워즌(트) 널(r)-붜쓰]

나는 긴장하지 않았어.

He wasn't busy.
[히 워즌(트) 비지(z)]

그는 바쁘지 않았어.

We weren't rich.
[위 워은(r)트 뤼취]

우리는 부유하지 않았어.

I wasn't a morning person.
[아이 워즌(트) 어 몰(r)-닝 펄(r)-쓴]

나는 아침형 인간이 아니었어.

It wasn't your fault.
[잍 워즌(트) 유얼(r) 폴(f)-트]

그것은 너의 잘못이 아니었어.

You weren't a good person.
[유 워은(r)트 어 귿 펄(r)-쓴]

너는 좋은 사람이 아니었어.

I wasn't in the classroom.
[아이 워즌(트) 인 더(th) 클래쓰룸(r)-]

나는 교실에 없었어.

She wasn't in her room.
[쉬 워즌(트) 인 헐(r) 룸(r)-]

그녀는 그녀의 방에 없었어.

They weren't in the park.
[데(th)이 워은(r)트 인 더(th) 팔(r)-크]

그들은 (그) 공원에 없었어.

형용사(빨강), 명사(초록), 전치사+명사(파랑)

다음 문장을 영어로 말해 보세요. 바로 나오지 않으면 Step2를 복습하세요.

1 나는 긴장하지 않았어.

🎤 I wasn't nervous.

2 그는 바쁘지 않았어.

🎤 He wasn't

3 우리는 부유하지 않았어.

🎤 We weren't

4 나는 아침형 인간이 아니었어.

🎤 I wasn't

5 그것은 너의 잘못이 아니었어.

🎤 It wasn't

6 너는 좋은 사람이 아니었어.

🎤 You weren't

7 나는 교실에 없었어.

🎤 I wasn't

8 그녀는 그녀의 방에 없었어.

🎤 She wasn't

9 그들은 (그) 공원에 없었어.

🎤 They weren't

《 정답은 앞 페이지에서 확인하세요.

미래 기분, 상태, 위치 말하기

| 주어 + **will be**
[윌 비] | + | ① 형용사
② 명사
③ 전치사 + 명사 |

① 주어는 형용사할 거야.
② 주어는 명사일 거야.
　 (주어는 명사가 될 거야.)
③ 주어는 명사에 있을 거야. (미래)

be동사의 다양한 뜻

미래의 **기분, 상태, 직업, 위치** 등에 대해서 말할 때는 **주어에 관계없이** 미래의 의미를 담은 **will**과 be동사의 동사원형인 **be**를 함께 쓰면 됩니다. **will be** 다음에 무엇을 쓰는 지에 따라 뜻이 달라집니다.

① will be+형용사 : 형용사할 거다
　　예 **I will be + 형용사.** → **I will be hungry.**
　　　　　　　　　　　　　나는 배가 고플 거야.

② will be+명사 : 명사일 거다, 명사가 될 거다
　　예 **You will be + 명사.** → **You will be a teacher.**
　　　　　　　　　　　　　너는 선생님이 될 거야.

③ will be+[전치사+명사] : 명사에 있을 거다
　　예 **She will be + 〔전치사+명사〕.** → **She will be at home.**
　　　　　　　　　　　　　그녀는 집에 있을 거야.

동사원형이란?

동사에 어떠한 변화도 생기지 않은 **원래의 형태** 그대로를 말합니다.
be동사의 동사원형은 **be**이며, **be동사의 현재형**은 am, are, is로 주어에 따라
다른 형태로 씁니다.

예 I + am　　You / We / They + are　　He / She / It + is

단어	1번 말하고 한 칸 체크 ☑️☐☐☐☐

late
[레잍] [레이트]

늦은

easy
[E-지(z)]

쉬운

safe
[쎄잎] [쎄이ㅍ]

안전한

a good listener
[어 귿 리쓰널(r)]

남의 말을
잘 들어주는 사람

a good father
[어 귿 퐈-덜(r)]

좋은 아빠

a good mother
[어 귿 머-덜(r)] [어 귿 마-덜(r)]

좋은 엄마

at the movies
[앹 더(th) 무-뷔즈(z)]

영화관에(서)

at the party
[앹 더(th) 파-뤼]

그 파티에(서)

in prison
[인 프뤼즌(z)]

감옥에(서)

36

주어＋will be＋형용사. / 주어＋will be＋명사. / 주어＋will be＋전치사＋명사.

I'll be late.
[아일 비 레잍]

나는 늦을 거야.

It'll be easy.
[E를 비 E-지(z)]

그것은 쉬울 거야.

We'll be safe.
[위을 비 쎄잎]

우리는 안전할 거야.

I'll be a good listener.
[아일 비 어 귿 리쓰널(r)]

나는 남의 말을
잘 들어주는 사람이 될 거야.

He'll be a good father.
[히을 비 어 귿 퐈-덜(r)]

그는 좋은 아빠가 될 거야.

You'll be a good mother.
[유을 비 어 귿 머-덜(r)]

너는 좋은 엄마가 될 거야.

I'll be at the movies.
[아일 비 앹 더(th) 무-뷔즈(z)]

나는 영화관에 있을 거야.

She'll be at the party.
[쉬을 비 앹 더(th) 파-뤼]

그녀는 그 파티에 있을 거야. (직역)
그녀는 그 파티에 올 거야. (의역)

They'll be in prison.
[데(이)을 비 인 프뤼즌(z)]

그들은 감옥에 있을 거야.

형용사(빨강), 명사(초록), 전치사＋명사(파랑)

1 나는 늦을 거야.

🎤 **I'll be late.**

2 그것은 쉬울 거야.

🎤 **It'll be**

3 우리는 안전할 거야.

🎤 **We'll be**

4 나는 남의 말을 잘 들어주는 사람이 될 거야.

🎤 **I'll be**

5 그는 좋은 아빠가 될 거야.

🎤 **He'll be**

6 너는 좋은 엄마가 될 거야.

🎤 **You'll be**

7 나는 영화관에 있을 거야.

🎤 **I'll be**

8 그녀는 그 파티에 있을 거야. (직역) / 그녀는 그 파티에 올 거야. (의역)

🎤 **She'll be**

9 그들은 감옥에 있을 거야.

🎤 **They'll be**

≪ 정답은 앞 페이지에서 확인하세요.

미래 기분, 상태, 위치 부정하기

주어 +	won't be [워운(트) 비]	+	① 형용사 ② 명사 ③ 전치사 + 명사

① 주어는 형용사하지 않을 거야.
② 주어는 명사이지 않을 거야.
   (주어는 명사가 되지 않을 거야.)
③ 주어는 명사에 있지 않을 거야.
   (주어는 명사에 없을 거야.)

부정문 만드는 법

will 다음에 not를 쓰면 **부정의 의미를 담은 문장(부정문)**을 쉽게 만들 수 있습니다.
will not be 또는 won't be 다음에 무엇을 쓰는지에 따라 뜻이 달라집니다.

예 1. won't be + 형용사 : 형용사하지 않을 거다

① I will be busy.   나는 바쁠 거야.

② I will not be busy.   나는 바쁘지 않을 거야.
  = I won't be busy.

2. won't be + 명사 : 명사가 되지 않을 거다

① I will be a teacher.   나는 선생님이 될 거야.

② I will not be a teacher. 나는 선생님이 되지 않을 거야.
  = I won't be a teacher.

※ will not은 won't로 줄여 쓸 수 있습니다.

| 단어 | 1번 말하고 한 칸 체크 ☑☐☐☐☐ |

surprised
[썰(r)프라이즈드]

놀란,
놀람을 느끼는

difficult
[디퓌컬트]

어려운

disappointed
[디써포인티드]

실망한,
실망감을 느끼는

a burden
[어 벌(r)-든]

부담, 짐

a good leader
[어 귿 리-덜(r)][어 귿 리-럴(l/r)]

좋은 지도자,
훌륭한 리더

my subscribers
[마이 썹쓰끄라이벌(r)쓰]

나의 구독자들

in the office
[인 디(th) 어-퓌쓰][인 디(th) 오-퓌쓰]

사무실에(서)

in the library
[인 더(th) 라이버뤼]

도서관에(서)

in the lobby
[인 더(th) 로비]

로비에(서)

주어＋won't be＋형용사. / 주어＋won't be＋명사. / 주어＋won't be＋전치사＋명사.

I won't be surprised.
[아이 워운(트) 비 썰(r)프라이즈드]

나는 놀라지 않을 거야.

It won't be difficult.
[잍 워운(트) 비 디퓌컬트]

그것은 어렵지 않을 거야.

You won't be disappointed.
[유 워운(트) 비 디써포인티드]

너는 실망하지 않을 거야.

I won't be a burden to you.
[아이 워운(트) 비 어 벌(r)-든 투 유]

나는 너에게 부담이
되지 않을 거야.

She won't be a good leader.
[쉬 워운(트) 비 어 귿 리-럴(l/r)]

그녀는 훌륭한 리더가
되지 않을 거야.

They won't be my subscribers.
[데(th)이 워운(트) 비 마이 썹쓰끄롸이벌(r)쓰]

그들은 나의 구독자가
되지 않을 거야.

I won't be in the office tomorrow.
[아이 워운(트) 비 인 디(th) 어-퓌쓰 트머-로(r)우]

나는 내일 사무실에 없을 거야.

He won't be in the library.
[히 워운(트) 비 인 더(th) 라이버뤼]

그는 도서관에 없을 거야.

We won't be in the lobby.
[위 워운(트) 비 인 더(th) 로비]

우리는 로비에 없을 거야.

형용사(빨강), 명사(초록), 전치사＋명사(파랑)

다음 문장을 영어로 말해 보세요. 바로 나오지 않으면 Step2를 복습하세요.

1 나는 놀라지 않을 거야.

🎤 I won't be surprised.

2 그것은 어렵지 않을 거야.

🎤 It won't be

3 너는 실망하지 않을 거야.

🎤 You won't be

4 나는 너에게 부담이 되지 않을 거야.

🎤 I won't be

5 그녀는 훌륭한 리더가 되지 않을 거야.

🎤 She won't be

6 그들은 나의 구독자가 되지 않을 거야.

🎤 They won't be

7 나는 내일 사무실에 없을 거야.

🎤 I won't be

8 그는 도서관에 없을 거야.

🎤 He won't be

9 우리는 로비에 없을 거야.

🎤 We won't be

≪ 정답은 앞 페이지에서 확인하세요.

It's + 시간.

시간에 대해 말할 때는 시간을 나타내는 숫자와 분을 나타내는 숫자를 차례대로 말하면 됩니다. (1분부터 9분까지는 예외) 1분에서 9분까지는 숫자 0을 알파벳 O와 같이 '오우'라고 발음합니다. 시간에 대해 말하는 경우, 주어 It는 해석하지 않습니다. It를 '그것'으로 해석하지 않도록 주의하세요!

It's 12:00.
[잍츠 트웰브(v)]

12시야.

It's 12:05.
[잍츠 트웰브(v) 오우 파이브(v)]

12시 5분이야.

* 0을 알파벳 O와 같이 발음합니다.

It's 12:15.
[잍츠 트웰브(v) 퓌프(f)틴-]

12시 15분이야.

It's 12:30.
[잍츠 트웰브(v) 떠(th)-리]

12시 30분이야.

It's 12:45.
[잍츠 트웰브(v) 포(f)-뤼 파이브(v)]

12시 45분이야.

It's noon.
[잍츠 눈-]

정오야. (낮 12시)

It's midnight.
[잍츠 미드나잍][잍츠 믿나잍]

자정이야. (밤 12시)

Chapter 02

일반동사 필수 구조 총정리

지금 하고 있는 일에 대해 말하기

I [아이]	+	am 동사ing. [앰 ~]
You / We / They [유 / 위 / 데(th)이]	+	are 동사ing. [알(r) ~]
He / She / It [히 / 쉬 / 잍]	+	is 동사ing. [E즈(z) ~]

주어는 동사를 하고 있는 중이야. (직역)
주어는 (지금) 동사하고 있어. (의역)

일반동사 현재 진행형 형태

지금 하고 있는 중인 일에 대해서 말할 때, **주어** 다음에 **be동사 + 동사ing**를 쓰면 됩니다. **주어**에 따라 **be동사**는 다른 형태로 씁니다.

예 I + am   You / We / They + are   He / She / It + is

주의해야 할 동사ing 형태

① **e로 끝나는 동사의 ing형태** 동사에 ing를 붙일 때, **e로 끝나는 동사는 e를 빼고 ing를 붙이는 경우**가 많습니다.	
take → taking	make → making
② **불규칙 동사의 ing형태**	
die → dying(예외)	lie → lying(예외)

동사 표현	1번 말하고 한 칸 체크 ☑☐☐☐☐

get tired
[겥 타이얼(r)드]

피곤해지다

wear your shirt
[웨얼(r) 유얼(r) 셜(r)트]

너의 셔츠를 입다

have lunch
[해브(v) 런취]

점심을 먹다

watch a movie
[와-취 어 무-뷔]

영화를 보다

do the dishes
[두 더(th) 디쉬즈(z)]

설거지를 하다

listen to music
[리쓴 투 뮤-직]

음악을 듣다

rain
[뤠인]

비가 오다,
비가 내리다

주어 + be동사 + 동사ing.

I'm getting tired.
[아임 게링 타이얼(r)드]

나는 피곤해지고 있어.

You're wearing your shirt inside out.
[유얼(r) 웨어링 유얼(r) 셜(r)트 인싸이드 아웉]

너는 (너의) 셔츠를 뒤집어 입고 있어.

They're having lunch.
[데(th)얼(r) 해빙 런취]

그들은 점심을 먹고 있어.

We're watching a movie at home.
[위얼(r) 와-칭 어 무-뷔 앹 호움]

우리는 집에서 영화를 보고 있어.

He's doing the dishes.
[히즈(z) 두잉 더(th) 디쉬즈(z)]

그는 설거지를 하고 있어. (지금)

She's listening to music.
[쉬즈(z) 리쓰닝 투 뮤-직]

그녀는 음악을 듣고 있어. (지금)

It's raining.
[잍츠 뤠이닝]

비가 오고 있어. (지금)

동사 표현(빨강), 부사(초록), 전치사+명사(파랑)

1 나는 피곤해지고 있어.

🎙 **I'm getting tired.**

2 너는 (너의) 셔츠를 뒤집어 입고 있어.

🎙

3 그들은 점심을 먹고 있어.

🎙

4 우리는 집에서 영화를 보고 있어.

🎙

5 그는 설거지를 하고 있어. (지금)

🎙

6 그녀는 음악을 듣고 있어. (지금)

🎙

7 비가 오고 있어. (지금)

🎙

《 정답은 앞 페이지에서 확인하세요.

지금 하고 있는 중이 아니라고 말하기

I [아이]	+	am not 동사ing. [앰 낱 ~]

You / We / They [유 / 위 / 데(th)이]	+	are not 동사ing. [알(r) 낱 ~]

He / She / It [히 / 쉬 / 잍]	+	is not 동사ing. [E즈(z) 낱 ~]

주어는 동사를 하고 있는 중이 아니야. (직역)
주어는 (지금) 동사를 하고 있지 않아. (의역)

일반동사 현재 진행형의 부정

지금 하고 있는 중이 아닌 일 또는 **지금 일어나고 있는 중이 아닌 일**에 대해서 말할 때
주어 다음에 **be동사＋not＋동사ing**를 쓰면 됩니다.

be동사가 쓰인 문장에서는 일반적인 경우, **be동사(am, are, is)** 다음에 **not**을 쓰면
부정의 의미를 담은 문장(부정문)을 쉽게 만들 수 있습니다.

예 ① **cry** : 울다 (동사)

② **I am crying.** = **I'm crying.**
나는 울고 있어.

③ **I am not crying.** = **I'm not crying.**
나는 울고 있지 않아.

(★ **I'm**은 **I am**을 줄인 형태입니다.)

동사 표현	1번 말하고 한 칸 체크 ☑☐☐☐☐

	work out [월(r)-크 아웉]	운동하다, 헬스하다
	work hard [월(r)-크 할(r)드]	열심히 일하다
	use it [유-즈(z) 잍][유-짇(z)]	그것을 사용하다
	sleep [슬맆-]	자다
	wear shoes [웨얼(r) 슈즈(z)]	신발을 신다
	cook [쿡]	요리하다
	snow [스노우]	눈이 오다, 눈이 내리다

주어 + be동사 + not + 동사ing.

I'm not working out.
[아임 낱 월(r)-킹 아웉]

나는 운동을 하고 있는 중이 아니야. (지금)

You're not working hard.
[유얼(r) 낱 월(r)-킹 할(r)드]

너는 열심히 일을 하고 있지 않아. (지금)

We're not using it now.
[위얼(r) 낱 유-징(z) 잍 나우]

우리는 지금 그것을 사용하고 있지 않아.

They're not sleeping.
[데(th)얼(r) 낱 슬리-핑]

그들은 자고 있지 않아. (지금)

He's not wearing shoes.
[히즈(z) 낱 웨어륑 슈즈(z)]

그는 신발을 신고 있지 않아. (지금)

She's not cooking.
[쉬즈(z) 낱 쿠킹]

그녀는 요리를 하고 있지 않아. (지금)

It's not snowing.
[잍츠 낱 스노우잉]

눈이 오고 있지 않아. (지금)

동사 표현(빨강), 부사(초록)

51

다음 문장을 영어로 말해 보세요. 바로 나오지 않으면 Step2를 복습하세요.

1 나는 운동을 하고 있는 중이 아니야. (지금)

🎙 **I'm not working out.**

2 너는 열심히 일을 하고 있지 않아. (지금)

🎙

3 우리는 지금 그것을 사용하고 있지 않아.

🎙

4 그들은 자고 있지 않아. (지금)

🎙

5 그는 신발을 신고 있지 않아. (지금)

🎙

6 그녀는 요리를 하고 있지 않아. (지금)

🎙

7 눈이 오고 있지 않아. (지금)

🎙

≪ 정답은 앞 페이지에서 확인하세요.

UNIT 09

평소, 일반적으로 하는 일에 대해 말하기

> **I / You / We / They**
> [아이 / 유 / 위 / 데(th)이]   +   동사원형.
>
> **He / She / It**
> [히 / 쉬 / 잍]   +   동사 + s,es.
>
> 주어는 (평소, 일반적으로) 동사해.

일반동사 현재형 형태

평소 또는 **일반적으로 하는 일**에 대해서 말할 때, **주어**가 I, You, We, They인 경우
주어 다음에 **동사원형**을 쓰면 되고, **주어**가 He, She, It 인 경우에는 **동사**에 s 또는
es를 붙인 형태를 쓰면 됩니다. 동사가 y로 끝나는 경우, y를 i로 바꾸고 es를 붙이기도
합니다.

예 eat → eat<u>s</u>,   go → go<u>es</u>,   cry → cr<u>ies</u>

① **I eat breakfast every day.**
   나는 매일 아침을 먹어.

② **We eat breakfast every day.**
   우리는 매일 아침을 먹어.

③ **He eat<u>s</u> breakfast every day.**
   그는 매일 아침을 먹어.

동사원형이란?
동사에 어떠한 변화도 생기지 않은 **원래의 형태** 그대로를 말합니다.

예 go : 동사원형○   go<u>es</u> : 동사원형×   <u>went</u> : 동사원형× (went는 go의 과거형)

| 동사 표현 | 1번 말하고 한 칸 체크 ☑☐☐☐☐ |

work in a bank
[월(r)-크 인 어 뱅크]

은행에서
일하다

drink too much coffee
[드링크 투- 머취 커-퓌]

너무 많은
커피를 마시다

go to the movies
[고(우) 투 더(th) 무-뷔즈]

(영화 보러)
영화관에 가다

live in Canada
[리브(v) 인 캐나다][리브(v) 인 캐너더]

캐나다에서
살다

go to church
[고(우) 투 철(r)-츠][고(우) 투 철(r)-치]

교회에
가다(다니다)

drive to work
[드롸이브(v) 투 월(r)크]

직장에
운전해 가다

happen
[해픈][해쁜]

(일, 사건)
발생하다, 일어나다

주어 + 동사원형. / 주어 + 동사+s,es.

I work in a bank.
[아이 월(r)-크 인 어 뱅크]

나는 은행에서 일해.

You drink too much coffee.
[유 드링크 투- 머취 커-퓌]

너는 너무 많은 커피를 마셔. (직역)

We go to the movies every week.
[위 고(우) 투 더(th) 무-뷔즈 에브뤼 위-크]

우리는 매주 영화를 보러 가. (의역)

They live in Canada.
[데(th)이 리브(v) 인 캐나다]

그들은 캐나다에 살아.

He goes to church.
[히 고(우)즈(z) 투 쳘(r)-츠]

그는 교회에 다녀.

She drives to work.
[쉬 드롸입쓰 투 월(r)크]

그녀는 차로 출근해. (의역)

It happens quite often.
[잍 해픈즈(z) 콰잍 어-픈(f)]

그것은 꽤 자주 일어나.

동사 표현(빨강), 부사(초록)

1 나는 은행에서 일해.

🎤 **I work in a bank.**

2 너는 너무 많은 커피를 마셔. (직역)

🎤

3 우리는 매주 영화를 보러 가. (의역)

🎤

4 그들은 캐나다에 살아.

🎤

5 그는 교회에 다녀.

🎤

6 그녀는 차로 출근해. (의역)

🎤

7 그것은 꽤 자주 일어나.

🎤

《정답은 앞 페이지에서 확인하세요.》

평소에 하지 않는 일에 대해 말하기

I / You / We / They [아이 / 유 / 위 / 데(th)이]	+	don't 동사원형. [돈-(트) ~]
He / She / It [히 / 쉬 / 잍]	+	doesn't 동사원형. [더즌(트) ~]

주어는 (평소, 일반적으로) 동사하지 않아.

※ don't는 do not을 줄인 형태이고,
doesn't는 does not을 줄인 형태입니다.

일반동사 현재형의 부정

평소 또는 **일반적으로 하지 않는 일**에 대해서 말할 때, **주어**가 I, You, We, They인 경우에는 **주어** 다음에 don't 동사원형을 쓰면 되고, **주어**가 He, She, It인 경우에는 **주어** 다음에 doesn't 동사원형을 쓰면 됩니다. 이 때 쓰인 do, does는 부정문을 만들어주기 위한 보조적인 역할을 합니다.

예 **I don't drink.**   나는 술을 마시지 않아.

　She doesn't drink.   그녀는 술을 마시지 않아.

주의할 점

주어가 He, She, It 인 경우에는 doesn't 다음에 오는 **동사**에 s 또는 es를 붙인 형태를 쓰지 않고 **동사원형**을 쓴다는 점에 주의해야 합니다.

예 **He doesn't works.** (틀린 문장)

　He doesn't work. (맞는 문장)

　그는 일을 하지 않아.

동사 표현부터 익혀 보세요.   🎧 MP3 10-1

동사 표현	1번 말하고 한 칸 체크 ☑☐☐☐☐

watch TV
[와-취 티-뷔-]

TV를 보다

snore
[스놀(r)-][스노-얼(r)]

코를 골다

hang out
[행 아웉]

놀다, 함께 시간을 보내다

talk
[토-크][톡-]

이야기하다, 대화하다

clean his room
[클린- 히즈(z) 룸(r)-]

그의 방을 청소하다

wear glasses
[웨얼(r) 글래씨쓰]

안경을 쓰다

bother me
[바덜(th/r) 미]

나를 신경 쓰이게 하다

주어 + don't 동사원형. / 주어 + doesn't 동사원형.

I don't watch TV.
[아이 돈-(트) 와-취 티-뷔-]

나는 TV를 보지 않아. (평소)

You don't snore.
[유 돈-(트) 스놀(r)-]

너는 코를 골지 않아. (평소)

We don't hang out anymore.
[위 돈-(트) 행 아웉 애니모-얼(r)]

우리는 더 이상 함께 놀지 않아.
(의역)

They don't talk anymore.
[데(th)이 돈-(트) 토-크 애니모-얼(r)]

그들은 더 이상 대화를 하지 않아.
(일반적 사실)

He doesn't clean his room.
[히 더즌(트) 클린- 히즈(z) 룸(r)-]

그는 (그의) 방을 청소하지 않아.
(평소)

She doesn't wear glasses.
[쉬 더즌(트) 웨얼(r) 글래씨쓰]

그녀는 안경을 쓰지 않아.
(일반적 사실)

It doesn't bother me.
[잍 더즌(트) 바덜(th/r) 미]

그것은 신경 쓰이지 않아. (의역)

동사 표현(빨강), 부사(초록)

다음 문장을 영어로 말해 보세요.　　바로 나오지 않으면 Step2를 복습하세요.

1　나는 TV를 보지 않아. (평소)

🎤　**I don't watch TV.**

2　너는 코를 골지 않아. (평소)

🎤

3　우리는 더 이상 함께 놀지 않아. (의역)

🎤

4　그들은 더 이상 대화를 하지 않아. (일반적 사실)

🎤

5　그는 (그의) 방을 청소하지 않아. (평소)

🎤

6　그녀는 안경을 쓰지 않아. (일반적 사실)

🎤

7　그것은 신경 쓰이지 않아. (의역)

🎤

≪정답은 앞 페이지에서 확인하세요.

과거에 한 일에 대해 말하기
(규칙 과거형)

주어 + 동사 과거형.

주어는 동사했어.

일반동사 과거형 형태

과거에 한 일 또는 **과거에 일어난 일**에 대해서 말할 때는, **주어** 다음에 **동사 과거형**을 쓰면 됩니다. 주어가 **I/You/We/They/He/She/It** 무엇이든 상관없이 같은 형태의 **동사 과거형**을 씁니다.

예 work : (사람) 일하다, (사물) 효과 있다, 작동하다

I worked.	나는 일했어.
We worked.	우리는 일했어.
They worked.	그들은 일했어.
He worked.	그는 일했어.
She worked.	그녀는 일했어.
Kate worked.	Kate는 일했어.

일반동사 과거형의 종류   자세한 내용은 Unit12를 참고하세요.

규칙 과거형 (-ed로 끝이 납니다.)	**동사 + ed**	**work → worked**
	동사 + (e)d	**like → liked**
	동사 + ied	**study → studied**
불규칙 과거형	**go → went, eat → ate, get → got** (자주 사용하는 것을 위주로 학습하는 것이 좋습니다.)	

동사 표현부터 익혀 보세요.

 MP3 11-1

동사 표현	1번 말하고 한 칸 체크 ☑☐☐☐☐

miss you
[미쓰 유][미쓔]

너를 그리워하다,
네가 보고 싶다

look happy
[룩 해피]

행복해 보이다

stay at a hotel
[스테이 앹 어 호(우)텔]

호텔에서 머물다

walk here
[워-크 히얼(r)]

여기로 걷다,
여기로 걸어오다

lie to me
[라이 투 미]

나에게 거짓말을 하다

cry
[크롸이]

울다

work
[월(r)-크]

효과 있다, 작동하다
* 주어가 사람이 아닌 경우

주어 + 동사 과거형.

I missed you.
[아이 미쓰트 유][아이 미쓰튜]

나는 네가 보고 싶었어.

You looked happy.
[유 룩트 해피]

너는 행복해 보였어.

We stayed at a hotel.
[위 스테이드 앹 어 호(우)텔]

우리는 호텔에서 머물렀어.

They walked here.
[데(th)이 웤-트 히얼(r)]

그들은 여기에 걸어왔어.

He lied to me.
[히 라이드 투 미]

그는 나에게 거짓말을 했어.

She cried a lot.
[쉬 크롸이드 얼랕]

그녀는 많이 울었어.

It worked.
[잍 웤(r/k)-트]

① 그것은 효과가 있었어.
② 그것은 작동했어.

동사 표현(빨강), 부사(초록)

다음 문장을 영어로 말해 보세요. 바로 나오지 않으면 Step2를 복습하세요.

1 나는 네가 보고 싶었어.

🎤 I missed you.

2 너는 행복해 보였어.

🎤

3 우리는 호텔에서 머물렀어.

🎤

4 그들은 여기에 걸어왔어.

🎤

5 그는 나에게 거짓말을 했어.

🎤

6 그녀는 많이 울었어.

🎤

7 ① 그것은 효과가 있었어. ② 그것은 작동했어.

🎤

《정답은 앞 페이지에서 확인하세요.

과거에 한 일에 대해 말하기
(불규칙 과거형)

> 주어 + 동사 과거형.
>
> 주어는 동사했어.

일반동사 과거형의 종류

일반동사 과거형은 **규칙 과거형**과 **불규칙 과거형**으로 나누어집니다.

규칙 과거형

: **동사＋ed**, **동사＋(e)d**, **동사＋ied**

① **동사 뒤에 ed를 붙이기**
　예 work → work**ed**
② **동사가 e로 끝나는 경우, 동사 뒤에 d를 붙여 ed 만들기**
　예 like → like**d**
③ **동사가 y로 끝나고 y앞에 자음이 있는 경우, y를 i로 바꾸고 i뒤에 ed를 붙이기**
　예 study → stud**ied**

불규칙 과거형

: **불규칙 과거형**은 말 그대로 불규칙적인 동사 형태를 가지기 때문에 **자주 사용하는 것을 위주로 학습하는 것이 좋습니다.** (부록02. 대표적인 불규칙 동사 80-p230 참고)

예 ① **I went to Seoul last week.**　나는 지난주에 서울에 갔어.
　　(**go → went**, went는 go의 불규칙 과거형입니다.)
② **I ate too much.**　나는 너무 많이 먹었어.
　　(**eat → ate**, ate는 eat의 불규칙 과거형입니다.)
③ **I got a letter.**　나는 편지를 받았어.
　　(**get → got**, got는 get의 불규칙 과거형입니다.)

 MP3 12-1

| 동사 표현 | 1번 말하고 한 칸 체크 ☑☐☐☐☐ |

have dinner
[해브(v) 디널(r)]

저녁을 먹다

have dumplings
[해브(v) 덤플링쓰]

만두를 먹다

forget my birthday
[폴(f/r)겥 마이 벌(r)-쓰(th)데이]

나의 생일을 잊다

lose the game
[루-즈(z) 더(th) 게임]

그 경기에서 지다

win the lottery
[윈 더(th) 로러뤼][윈 더(th) 로터뤼]

복권에 당첨되다

fall off her bicycle
[폴(f/r)- 어프(f) 헐(r) 바이씨클]

(그녀의) 자전거에서
떨어지다

make me upset
[메잌- 미 엎쎋]

나를 기분 상하게 하다

주어 + 동사 과거형.

I had dinner with Kate.
[아이 해드 디널(r) 위드(th) 케이트]

나는 Kate와 (함께) 저녁을 먹었어.

We had dumplings for dinner.
[위 해드 덤플링쓰 폴(f/r) 디널(r)]

우리는 저녁식사로 만두를 먹었어.

You forgot my birthday.
[유 폴(f/r)같 마이 벌(r)-뜨(th)데이]

너는 내 생일을 까먹었어. (의역)

They lost the game.
[데(th)이 로스트 더(th) 게임]

그들은 그 경기에서 졌어.

He won the lottery.
[히 원 더(th) 로러뤼]

그는 복권에 당첨되었어.

She fell off her bicycle.
[쉬 풸 어프(f) 헐(r) 바이씨클]

그녀는 (그녀의) 자전거에서 떨어졌어.

It made me upset.
[잍 메이드 미 엎쎝]

그것은 나를 기분 상하게 했어.

동사 표현(빨강), 전치사+명사(파랑)

1 나는 Kate와 (함께) 저녁을 먹었어.

 I had dinner with Kate.

2 우리는 저녁식사로 만두를 먹었어.

3 너는 내 생일을 까먹었어. (의역)

4 그들은 그 경기에서 졌어.

5 그는 복권에 당첨되었어.

6 그녀는 (그녀의) 자전거에서 떨어졌어.

7 그것은 나를 기분 상하게 했어.

《 정답은 앞 페이지에서 확인하세요.

과거에 하지 않은 일에 대해 말하기

주어　+　**did't** 동사원형.
[디든(트) ~][디른(트) ~]

주어는 동사하지 않았어.

※ **didn't**는 **did not**을 줄인 형태입니다.

일반동사 과거형의 부정

과거에 하지 않은 일 또는 **과거에 일어나지 않은 일**에 대해서 말할 때는, **주어** 다음에
did't 동사원형을 쓰면 됩니다. 이 때 쓰인 **did**는 부정문을 만들기 위한 보조적인
역할을 하며, 이것은 '**~을 했(었)다**'라는 뜻의 **일반동사 과거형 did**와 관련이 없습니다.

예 **work** : (사람) 일하다, (사물) 효과 있다, 작동하다

I didn't work.	나는 일을 하지 않았어.
You didn't work.	너는 일을 하지 않았어.
We didn't work.	우리는 일을 하지 않았어.
They didn't work.	그들은 일을 하지 않았어.
He didn't work.	그는 일을 하지 않았어.
She didn't work.	그녀는 일을 하지 않았어.
It didn't work.	① 그것은 효과가 없었어.
	② 그것은 작동하지 않았어.

동사 표현	1번 말하고 한 칸 체크 ☑️☐☐☐☐

wash my hair
[워쉬 마이 헤얼(r)]

머리를 감다

answer my calls
[앤썰(r) 마이 콜-쓰][컬-쓰]

나의 전화에 답하다,
나의 전화를 받다

know that
[노(우) 댙(th)]

그것을 알다

like it
[라익- 잍][라이킽]

그것이 마음에 들다

make it
[메익- 잍][메이킽]

① 그것을 해내다
② 회복을 해내다

(not) say anything
[(낱) 쎄이 에니띵(th)]

아무것도 말하지 않다

hurt
[헐(r)-트]

아프다

주어 + didn't 동사원형.

I didn't wash my hair.
[아이 디른(트) 워쉬 마이 헤얼(r)]

나는 머리를 감지 않았어.

You didn't answer my calls.
[유 디른(트) 앤썰(r) 마이 콜-쓰]

너는 나의 전화를 받지 않았어.

We didn't know that.
[위 디른(트) 노(우) 댈(th)]

우리는 그것을 알지 못했어.

They didn't like it.
[데(th)이 디른(트) 라이킽]

그들은 그것을 마음에 들어 하지 않았어.

He didn't make it.
[히 디른(트) 메이킽]

① 그는 그것을 해내지 못했어.
② 그는 (회복하지 못하고) 돌아가셨어요.

She didn't say anything.
[쉬 디른(트) 쎄이 에니띵(th)]

그녀는 아무 말도 하지 않았어.

It didn't hurt.
[잍 디른(트) 헐(r)-트]

(그것은) 아프지 않았어.

동사 표현(빨강)

다음 문장을 영어로 말해 보세요. 바로 나오지 않으면 Step2를 복습하세요.

1 나는 머리를 감지 않았어.

🎙 **I didn't wash my hair.**

2 너는 나의 전화를 받지 않았어.

🎙

3 우리는 그것을 알지 못했어.

🎙

4 그들은 그것을 마음에 들어 하지 않았어.

🎙

5 ① 그는 그것을 해내지 못했어.   ② 그는 (회복하지 못하고) 돌아가셨어요.

🎙

6 그녀는 아무 말도 하지 않았어.

🎙

7 (그것은) 아프지 않았어.

🎙

≪ 정답은 앞 페이지에서 확인하세요.

미래에 할 일에 대해 말하기

주어 will 동사원형. = 주어'll 동사원형.
[윌 ~]

I   +   am going to 동사원형.
[아이]   [앰 고(우)잉 투 ~]

You / We / They   +   are going to 동사원형.
[유 / 위 / 데(th)이]   [알(r) 고(우)잉 투 ~]

He / She / It   +   is going to 동사원형.
[히 / 쉬 / 잍]   [E즈(z) 고(우)잉 투 ~]

주어는 동사할 거야.

※ 'll은 will을 줄인 형태입니다.

일반동사 미래형 형태

미래에 할 일 또는 **계획**에 대해서 말할 때는, **주어** 다음에 **will 동사원형** 또는 **주어** 다음에 **be going to 동사원형**을 쓰면 됩니다.
will 동사원형은 **말하는 순간 결정**하거나 **즉흥적으로 결정**한 미래에 할 일에 대해 말할 때 쓰이고, **be going to 동사원형**은 말하기 전에 **이미 계획** 또는 **결정**한 미래에 할 일에 대해서 말할 때 쓰입니다.

will과 be going to의 공통점

미래의 계획이 아닌 **미래에 일어날 가능성이 있거나 그럴 것으로 추측되는 일**에 대해 말할 때는 **will**과 **be going to**의 의미 차이가 거의 없기 때문에 구분하지 않고 써도 됩니다.

예 It'll rain tomorrow.   내일 비가 올 거예요.
   It's going to rain tomorrow.   내일 비가 올 거예요.

동사 표현	1번 말하고 한 칸 체크 ☑☐☐☐☐

take the stairs
[테잌 더(th) 스테얼(r)쓰]

계단을 이용하다

understand me
[언덜(r)스탠(드) 미]

나를 이해하다

pray for you
[프뤠이 폴(f/r) 유]

너를 위해 기도하다

take a while
[테잌 어 와일][테잌 어 와이을]

시간이 좀 걸리다

buy a new house
[바이 어 뉴- 하우쓰]

새 집을 사다

fix it
[퓍쓰 잍]

그것을 고치다

have it fixed
[해브(v) 잍 퓍쓰트]

그것을 수리 맡기다

> 주어 + will 동사원형. / 주어 + be going to 동사원형.

I'll take the stairs.
[아일 테익 더(th) 스테얼(r)쓰]

나는 계단으로 갈래. (의역)

You'll understand me someday.
[유을 언덜(r)스탠(드) 미 썸데이]

너는 언젠가는 나를 이해하게 될 거야. (의역)

We'll pray for you.
[위을 프뤠이 폴(f/r) 유]

우리가 너를 위해 기도할게.

It'll take a while.
[E를 테익 어 와일]

시간이 좀 걸릴 거야.

They're going to buy a new house.
[데얼(r) 고(우)잉 투 바이 어 뉴- 하우쓰]

그들은 새 집을 살 거야.

He's going to fix it.
[히즈(z) 고(우)잉 투 퓍쓰 잍]

그가 그것을 고칠 거야.

She's going to have it fixed.
[쉬즈(z) 고(우)잉 투 해브(v) 잍 퓍쓰트]

그녀는 그것을 수리 맡길 거야.

동사 표현(빨강), 부사(초록)

1 나는 계단으로 갈래. (의역)

🎤 **I'll take the stairs.**

2 너는 언젠가는 나를 이해하게 될 거야. (의역)

🎤

3 우리가 너를 위해 기도할게.

🎤

4 시간이 좀 걸릴 거야.

🎤

5 그들은 새 집을 살 거야.

🎤

6 그가 그것을 고칠 거야.

🎤

7 그녀는 그것을 수리 맡길 거야.

🎤

《 정답은 앞 페이지에서 확인하세요.

미래에 하지 않을 일에 대해 말하기

주어 will not 동사원형. = 주어 won't 동사원형.
[윌 낱 ~]   [워운(트) ~]

I   +   am not going to 동사원형.
[아이]   [앰 낱 고(우)잉 투 ~]

You / We / They   +   are not going to 동사원형.
[유 / 위 / 데(th)이]   [알(r) 낱 고(우)잉 투 ~]

He / She / It   +   is not going to 동사원형.
[히 / 쉬 / 잍]   [E즈(z) 낱 고(우)잉 투 ~]

주어는 동사를 하지 않을 거야.

일반동사 미래형의 부정

미래에 하지 않을 일 또는 **미래에 일어나지 않을 일**에 대해서 말할 때는,
주어 다음에 **won't 동사원형** 또는 **be not going to 동사원형**을 쓰면 됩니다.
be not going to 동사원형에서 **be동사**(am, are, is)는 **주어에 맞게** 써야 합니다.

예 I + am   You / We / They + are   He / She / It + is

축약형 모음

will = 'll	will not = won't	I am = I'm
You are = You're	We are = We're	They are = They're
He is = He's	She is = She's	It is = It's

동사 표현	1번 말하고 한 칸 체크 ☑☐☐☐☐

do it
[두 잍]

그것을 하다

listen to me
[리쓴 투 미]

나에게 귀를 기울이다,
내 말을 귀 기울여 듣다

break up
[브뤠이크 엎]

헤어지다

get back together
[겔 백 투게덜(th/r)][겔 백 트게덜(th/r)]

재결합하다,
다시 연애하다

accept my apology
[액쎞(트) 마이 어폴러쥐]

나의 사과를 받다

last long
[래스트 롱-]

오래 지속되다,
오래가다

take long
[테익 롱-]

(시간이) 오래 걸리다

주어 + be not going to 동사원형. / 주어 + won't 동사원형.

I'm not going to do it again.
[아임 낱 고(우)잉 투 두 잍 어겐]

(나는) 다신 그것을 하지 않을 거야. (미래)

He's not going to listen to me.
[히즈(s) 낱 고(우)잉 투 리쓴 투 미]

그는 내 말을 듣지 않을 거야. (미래)

We're not going to break up.
[위얼(r) 낱 고(우)잉 투 브뤠이크 엎]

우리는 헤어지지 않을 거야. (미래)

They're not going to get back together.
[데(th)얼(r) 낱 고(우)잉 투 겥 백 투게덜(th/r)]

그들은 재결합하지 않을 거야. (미래)

She won't accept my apology.
[쉬 워운(트) 액쎕(트) 마이 어폴러쥐]

그녀는 나의 사과를 받아 주지 않을 거야.

It won't last long.
[잍 워운(트) 래스트 롱-]

그것은 오래 가진 않을 거야.

It won't take long.
[잍 워운(트) 테잌 롱-]

(시간이) 오래 걸리지 않을 거야.

＊ 시간에 대해 말할 때 쓰이는 It는 해석하지 않습니다.

동사 표현(빨강), 부사(초록)

1 (나는) 다신 그것을 하지 않을 거야. (미래)

🎤 **I'm not going to do it again.**

2 그는 내 말을 듣지 않을 거야. (미래)

🎤

3 우리는 헤어지지 않을 거야. (미래)

🎤

4 그들은 재결합하지 않을 거야. (미래)

🎤

5 그녀는 나의 사과를 받아 주지 않을 거야.

🎤

6 그것은 오래 가진 않을 거야.

🎤

7 (시간이) 오래 걸리지 않을 거야.

🎤

《 정답은 앞 페이지에서 확인하세요.

어딘가에 가본 적이 있는지 경험 말하기

패턴1. **I/You/We/They** + **have been to 명사.**
[아이 / 유 / 위 / 데(th)이] [해브(v) 빈 투 ~]

주어는 명사(장소)에 가본 적 있어.

패턴2. **I/You/We/They** + **have never been to 명사.**
[아이 / 유 / 위 / 데(th)이] [해브(v) 네붤(r) 빈 투 ~]

주어는 한 번도 명사(장소)에 가본 적 없어.

패턴3. **He/She/It** + **has been to 명사.**
[히 / 쉬 / 잍] [해즈(z) 빈 투 ~]

주어는 명사(장소)에 가본 적 있어.

패턴4. **He/She/It** + **has never been to 명사.**
[히 / 쉬 / 잍] [해즈(z) 네붤(r) 빈 투 ~]

주어는 한 번도 명사(장소)에 가본 적 없어.

※ 경험에 대해서 말할 때는 영어 패턴으로 비교적 쉽게 말할 수 있습니다.

현재완료 주의할 점

① **been**은 **be동사**의 **과거분사**(p.p.)입니다. (Unit 17 참고)
② 부정문에서 never 대신 not를 쓸 수도 있으며, 의미상 never이 not에 비해 훨씬 강조된 표현입니다.
③ 어딘가에 가본 적이 있다고 말할 때 일반적으로 위의 패턴을 활용하여 말하지만, there 앞에는 to를 쓰지 않습니다.

단어	1번 말하고 한 칸 체크 ☑☐☐☐☐

there
[데(th)얼(r)]

거기에(서)
* there 앞에는 전치사 to를 쓰지 않습니다.

never
[네뷜(r)]

절대 ~않다
결코 ~않다

Germany
[절(r)-머니]

독일

France
[프(f)뤤쓰]

프랑스

the coffee shop
[더(th) 커-퓌 샾]

그 커피숍

the restaurant
[더(th) 뤠스터롼트]

그 식당

Sydney
[씨드니]

시드니 (호주의 도시)

a concert
[어 컨-썰(r)트]

콘서트

이제 문장으로 말해 볼까요?

🎧 MP3 16-2

주어 + have (never) been to + 장소. / 주어 + has (never) been to + 장소.

I have been there.
[아이 해브(v) 빈 데(th)얼(r)]

나는 거기에 가본 적 있어.

I have never been there.
[아이 해브(v) 네붤(r) 빈 데(th)얼(r)]

나는 한 번도 거기에 가본 적 없어.

I have been to Germany.
[아이 해브(v) 빈 투 절(r)-머니]

나는 독일에 가본 적 있어.

I have never been to France.
[아이 해브(v) 네붤(r) 빈 투 프(f)뤤쓰]

나는 한 번도 프랑스에 가본 적 없어.

We have been to the coffee shop.
[위 해브(v) 빈 투 더(th) 커-퓌 샵]

우리는 그 커피숍에 가본 적 있어.

They have never been to the restaurant.
[데(th)이 해브(v) 네붤(r) 빈 투 더(th) 뤠스터뢴트]

그들은 한 번도 그 식당에 가본 적이 없어.

He has been to Sydney.
[히 해즈(z) 빈 투 씨드니]

그는 시드니에 가본 적 있어.

He has never been to a concert.
[히 해즈(z) 네붤(r) 빈 투 어 컨-썰(r)트]

그는 한 번도 콘서트에 가본 적이 없어.

명사(빨강), 부사(초록)

다음 문장을 영어로 말해 보세요. 바로 나오지 않으면 Step2를 복습하세요.

1 나는 거기에 가본 적 있어.

 I have been there.

2 나는 한 번도 거기에 가본 적 없어.

3 나는 독일에 가본 적 있어.

4 나는 한 번도 프랑스에 가본 적 없어.

5 우리는 그 커피숍에 가본 적 있어.

6 그들은 한 번도 그 식당에 가본 적이 없어.

7 그는 시드니에 가본 적 있어.

8 그는 한 번도 콘서트에 가본 적이 없어.

≪정답은 앞 페이지에서 확인하세요.

무언가를 해본 적 있는지 경험 말하기

패턴1. **I/You/We/They** + **have 과거분사(p.p.).**
[아이 / 유 / 위 / 데(th)이]　　　　[해브(v) ~]

주어는 과거분사(p.p.)를 해본 적 있어.

패턴2. **I/You/We/They** + **have never 과거분사(p.p.).**
[아이 / 유 / 위 / 데(th)이]　　　　[해브(v) 네뷜(r) ~]

주어는 한 번도 과거분사(p.p.)를 해본 적 없어.

패턴3. **He/She/It** + **has 과거분사(p.p.).**
[히 / 쉬 / 잍]　　　　[해즈(z) ~]

주어는 과거분사(p.p.)를 해본 적 있어.

패턴4. **He/She/It** + **has never 과거분사(p.p.).**
[히 / 쉬 / 잍]　　　　[해즈(z) 네뷜(r) ~]

주어는 한 번도 과거분사(p.p.)를 해본 적 없어.

※ 경험에 대해서 말할 때는 영어 패턴으로 비교적 쉽게 말할 수 있습니다.

과거분사(p.p.)란? (부록02. 대표적인 불규칙 동사 80-p230 참고)
영어의 동사는 〔**동사원형-과거형-과거분사(p.p.)**〕의 3단계 변화형을 가지고 있습니다.
규칙 과거형인 경우, 과거형과 과거분사(p.p.)는 같은 **형태**를 가지며,
불규칙 과거형인 경우, 과거분사(p.p.)를 **따로 학습**해야 합니다.

동사 표현	1번 말하고 한 칸 체크 ☑☐☐☐☐

study abroad
[스터디 어브뤄-드][스떠리 어브뤄-드]
해외에서 공부하다, 유학하다

travel abroad
[트뤠블(v) 어브뤄-드][츠뤠블(v) 어브뤄-드]
해외여행을 하다

try kimchi
[트롸이 김치][츠롸이 김치]
김치를 먹어보다

eat Spanish food
[에트 쓰패니쉬 푸(f)-드]
스페인 음식을 먹다

meet him
[밑- 힘][미-름]
그를 만나다

see snow
[씨- 스노우]
눈을 보다

see this movie
[씨- 디(th)쓰 무-뷔]
이 영화를 보다

play tennis
[플레이 테니스]
테니스를 치다

> 주어 + have (never) 과거분사(p.p.). / 주어 + has (never) 과거분사(p.p.).

I have studied abroad.
[아이 해브(v) 스터디드 어브뤄-드]

나는 해외에서 공부를
해본 적이 있어.

I have never traveled abroad.
[아이 해브(v) 네뷜(r) 트뤠블(v)드 어브뤄-드]

나는 한 번도 해외여행을
해본 적이 없어.

We have tried kimchi.
[위 해브(v) 트롸이드 김치]

우리는 김치를
먹어본 적이 있어.

We have never eaten Spanish food.
[위 해브(v) 네뷜(r) 잍은 쓰패니쉬 푸(f)-드]

우리는 한 번도 스페인 음식을
먹어본 적이 없어.

They have met him.
[데(th)이 해브(v) 멭 힘]

그들은 그를
만나 본 적이 있어.

They have never seen snow.
[데(th)이 해브(v) 네뷜(r) 씬- 스노우]

그들은 한 번도 눈을
본 적이 없어.

She has seen this movie.
[쉬 해즈(z) 씬- 디(th)쓰 무-뷔]

그녀는 이 영화를
본 적이 있어.

She has never played tennis.
[쉬 해즈(z) 네뷜(r) 플레이드 테니스]

그녀는 한 번도 테니스를
쳐본 적이 없어.

동사 표현(과거분사 활용)(빨강)

다음 문장을 영어로 말해 보세요. 바로 나오지 않으면 Step2를 복습하세요.

1 나는 해외에서 공부를 해본 적이 있어.

🎤 **I have studied abroad.**

2 나는 한 번도 해외여행을 해본 적이 없어.

🎤

3 우리는 김치를 먹어본 적이 있어.

🎤

4 우리는 한 번도 스페인 음식을 먹어본 적이 없어.

🎤

5 그들은 그를 만나 본 적이 있어.

🎤

6 그들은 한 번도 눈을 본 적이 없어.

🎤

7 그녀는 이 영화를 본 적이 있어.

🎤

8 그녀는 한 번도 테니스를 쳐본 적이 없어.

🎤

≪ 정답은 앞 페이지에서 확인하세요.

Plus 02 대표적인 have 활용법

have에는 다양한 활용법이 있습니다.
첫 번째로 '~을 가지고 있다'라는 뜻의 일반동사로 쓰일 수 있습니다.
두 번째로 have p.p.와 같은 완료시제로 쓰일 수 있습니다.
세 번째로 have + 명사 + p.p. 형태로 어떤 서비스를 받을 때 쓰기도 합니다.

1 '~을 가지고 있다'라는 뜻의 일반동사

① 나는 차가 있어. (차를 가지고 있음)

I have a car.

② 나는 머리가 길어. (긴 머리카락을 가지고 있음)

I have long hair.

2 have p.p.와 같은 완료시제

① 나는 그것을 해본 적 있어.

I have done it.

② 나는 방금 도착했어.

I have just arrived.

＊ 자세한 내용은 부록01을 참고하세요.

3 have + 명사 + p.p. 형태

① 나는 매달 머리를 잘라. (매달 머리를 자르는 서비스를 받음)

I have my hair cut every month.

② 나는 내 차를 수리 맡길 거야. (차를 수리하는 서비스를 받을 예정)

I'm going to have my car repaired.

PART
02

기초 영어 심화 과정

Chapter
03

의미 더해 말하기(조동사)

'조동사'란?

can, could, will, would, may, might, should, must 등과 같은 단어는
동사 앞에 위치하여, 동사에 의미를 더해 도와주는 역할을 합니다.
이러한 역할을 하는 단어를 문법 용어로 조동사라고 부릅니다.
조동사 다음에는 동사원형을 써야하며, 주어에 관계없이 모두 같은 형태를
쓰기 때문에 주어+[조동사+동사원형].으로 쉽게 문장을 만들 수 있습니다.

할 수 있다고 말하기 can

주어 ＋ **can** ＋ 동사원형.
[캔][큰]

주어는 동사할 수 있어.

능력, 가능성의 의미를 더하는 can

주어 다음에 **can 동사원형**을 쓰면, **무언가를 할 수 있다**는 **능력** 또는 **가능성**에 대한 의미를 더할 수 있습니다. 이 때 동사의 형태는 주어에 관계없이 모두 같은 형태를 가집니다.

예 ① **do it**   그것을 하다
  ② **can do it**   그것을 할 수 있다
  ③ **I can do it.**   **나는** 그것을 할 수 있어.

can 발음하는 법

can이 들어있는 긍정문을 발음할 때 **can**은 짧고 약하게 '**캔**' 또는 '**큰**'으로 발음하고 뒤에 있는 **동사**에 강세를 두어 **강하게 발음**합니다.

예 I can **do** it. (밑줄 친 부분을 강하게 발음)
  [아이 캔 두 잍][아이 큰 두 잍]

동사 표현	1번 말하고 한 칸 체크 ☑☐☐☐☐

swim
[스윔]

수영하다

help you
[헬프 유][헬퓨]

너를 돕다

do it
[두 잍]

그것을 하다

ski
[스키-]

스키 타다

play the guitar
[플레이 더(th) 기탈(r)-]

기타를 치다

speak five languages
[스픽- 파이브(v) 랭귀지쓰]

다섯 개의 언어를 말하다

learn from our mistakes
[러(l/r)언 프(f)룀 아우얼(r) 미쓰테잌쓰]

우리의 실수로부터 배우다

주어 + **can** + 동사원형.

I can swim.
[아이 캔 스윔]

나는 수영을 할 수 있어.

I can help you.
[아이 캔 헬퓨]

나는 너를 도와줄 수 있어.

You can do it.
[유 캔 두 잍]

너는 (그것을) 할 수 있어.

They can ski.
[데(th)이 캔 스키-]

그들은 스키를 탈 수 있어.

He can play the guitar.
[히 캔 플레이 더(th) 기탈(r)-]

그는 기타를 칠 수 있어.

She can speak five languages.
[쉬 캔 스픽- 파이브(v) 랭귀지쓰]

그녀는 다섯 개의 언어를 말할 수 있어.

We can learn from our mistakes.
[위 캔 러(l/r)언 프(f)룀 아우얼(r) 미쓰테잌쓰]

우리는 (우리의) 실수로부터 배울 수 있어.

동사 표현(빨강)

다음 문장을 영어로 말해 보세요. 바로 나오지 않으면 Step2를 복습하세요.

1 나는 수영을 할 수 있어.

🎙 **I can swim.**

2 나는 너를 도와줄 수 있어.

🎙

3 너는 (그것을) 할 수 있어.

🎙

4 그들은 스키를 탈 수 있어.

🎙

5 그는 기타를 칠 수 있어.

🎙

6 그녀는 다섯 개의 언어를 말할 수 있어.

🎙

7 우리는 (우리의) 실수로부터 배울 수 있어.

🎙

《 정답은 앞 페이지에서 확인하세요.

허락하기 can & may

주어 + **can** + 동사원형.
[캔][큰]

주어는 동사해도 돼.
주어는 동사해도 돼요.

주어 + **may** + 동사원형.
[메이]

주어는 동사하셔도 됩니다.

※ 각각의 조동사는 다양한 의미를 더할 수 있습니다.

허락의 의미를 더하는 can

주어 다음에 **can 동사원형**을 쓰면, **무언가를 해도 된다**는 **허락**의 의미를 더할 수 있습니다. 이때도 동사의 형태는 주어에 관계없이 모두 같은 형태를 가집니다.

can과 may 비교

주어 다음에 **may 동사원형**을 쓰면, **무언가를 해도 된다**는 **허락**의 의미를 더할 수 있습니다. **may**가 허락의 의미로 쓰이는 경우, **can**과 같은 의미이지만 **may**가 더 격식을 차린 표현입니다. 일상생활에서 편하게 말할 때는 may보다 **can**이 더 자주 쓰입니다.

예 ① **go** 가다
   ② **can go** 가도 된다, 가도 돼요
      may go 가셔도 됩니다
   ③ **You can go now.** 너는 이제 가도 돼. 당신은 이제 가도 돼요.
      You may go now. 당신은 이제 가셔도 됩니다.

동사 표현부터 익혀 보세요.

🎧 MP3 19-1

| 동사 표현 | 1번 말하고 한 칸 체크 ☑☐☐☐☐ |

take it
[테익 잍][테이킽]

그것을 가져가다,
그것을 가지다

call me
[콜- 미][컬- 미]

나에게 전화를 걸다

park
[팔(r)-크]

주차하다

pay by credit card
[페이 바이 크뤠딭 칼(r)-드]

신용카드로 지불하다,
계산하다

go
[고(우)]

가다

sit down
[씯 다운]

(서 있다가) 앉다

kiss the bride
[키쓰 더(th) 브롸이드]

신부에게 키스하다

이제 문장으로 말해 볼까요? 🎧 MP3 19-2

주어 + can + 동사원형. / 주어 + may + 동사원형.

You can take it.
[유 캔 테이킬]

(너는) 그것을 가져도 돼.

You can call me anytime.
[유 캔 콜- 미 에니타임]

(너는) 언제든 (나에게) 전화해도 돼.

You can park here.
[유 캔 팔(r)-크 히얼(r)]

(너는) 여기에 주차해도 돼.

You can pay by credit card.
[유 캔 페이 바이 크뤠딭 칼(r)-드]

(당신은) 신용카드로 계산하셔도 됩니다.

You may go now.
[유 메이 고(우) 나우]

(당신은) 이제 가도 됩니다.
(주로 선생님이 학생들에게 하는 말)

You may sit down.
[유 메이 씯 다운]

(여러분들) 앉으셔도 됩니다.
(서 있는 청중들에게 하는 말)

You may kiss the bride.
[유 메이 키쓰 더(th) 브롸이드]

(당신은) 신부에게 키스해도 좋습니다.
(결혼식에서 쓰는 표현)

동사 표현(빨강), 부사(초록)

다음 문장을 영어로 말해 보세요. 바로 나오지 않으면 Step2를 복습하세요.

1 (너는) 그것을 가져도 돼.

🎙 **You can take it.**

2 (너는) 언제든 (나에게) 전화해도 돼.

🎙

3 (너는) 여기에 주차해도 돼.

🎙

4 (당신은) 신용카드로 계산하셔도 됩니다.

🎙

5 (당신은) 이제 가도 됩니다. (주로 선생님이 학생들에게 하는 말)

🎙

6 (여러분들) 앉으셔도 됩니다. (서 있는 청중들에게 하는 말)

🎙

7 (당신은) 신부에게 키스해도 좋습니다. (결혼식에서 쓰는 표현)

🎙

≪ 정답은 앞 페이지에서 확인하세요.

허락 받기 Can, Could & May

Can I
[캔 아이 ~?]
+ 동사원형?

내가 동사해도 되니?

Could I
[쿠드 아이 ~?] [쿠라이 ~?]
+ 동사원형?

May I
[메이 아이 ~?] [메아이 ~?]
+ 동사원형?

제가 동사해도 되나요?

허락을 받을 때 쓰이는 can, could, may

Can I, Could I, May I 다음에 **동사원형**을 쓰면, **무언가를 해도 되는지**에 대해 **허락**을 받을 때 쓰는 표현이 됩니다.

Can	허락을 요청할 때, 가장 일반적으로 쓰이는 표현
Could	can보다 조금 더 공손한 표현
May	가장 격식을 갖춘 표현

예 ① use this 이것을 이용하다, 이것을 사용하다
  ② Can I use this? 내가 이것을 써도 되니? 내가 이것을 써도 되나요?
   Could I use this? 제가 이것을 사용해도 되나요? (공손)
   May I use this? 제가 이것을 사용해도 되나요? (매우 공손, 격식)

동사 표현   1번 말하고 한 칸 체크 ☑ ☐ ☐ ☐ ☐

use the bathroom
[유-즈(z) 더(th) 배뜨(th)룸(r)-]

화장실을 사용하다

smoke
[스모(우)크]

담배를 피우다

borrow a pen
[바로(r)우 어 펜]

(하나의) 볼펜을 빌리다

ask you a question
[애스크 유 어 퀘스쳔][애스큐 어 퀘스쳔]

너에게 하나의 질문을 하다

see your passport
[씨- 유얼(r) 패쓰폴(r)-트]

너의 여권을 보다

come in
[컴 인][커민]

들어가다, 들어오다

take your order
[테익 유얼(r) 올(r)-덜(r)]

너의 주문을 받다

Can I + 동사원형? / Could I + 동사원형? / May I + 동사원형?

Can I use the bathroom?
[캔 아이 유-즈(z) 더(th) 배뜨(th)룸(r)-?]

내가 화장실을 사용해도 되니?

Can I smoke here?
[캔 아이 스모(우)크 히얼(r)?]

제가 여기에서 담배를
피워도 되나요?

Can I borrow a pen?
[캔 아이 바로(r)우 어 펜?]

제가 볼펜 하나를
빌릴 수 있나요?

Could I ask you a question?
[쿠라이 애스크 유 어 퀘스쳔?]

(제가) 당신에게 질문을
해도 되나요?

Could I see your passport?
[쿠라이 씨- 유얼(r) 패쓰폴(r)-트?]

(제가) 당신의 여권을
볼 수 있을까요? (의역)

May I come in?
[메아이 컴 인?]

(제가) 들어가도 되나요?

May I take your order?
[메아이 테일 유얼(r) 올(r)-덜(r)?]

주문을 받아도 되나요? (직역)
주문하시겠습니까? (의역)

동사 표현(빨강), 부사(초록)

1 내가 화장실을 사용해도 되니?

 Can I use the bathroom?

2 제가 여기에서 담배를 피워도 되나요?

3 제가 볼펜 하나를 빌릴 수 있나요?

4 (제가) 당신에게 질문을 해도 되나요?

5 (제가) 당신의 여권을 볼 수 있을까요? (의역)

6 (제가) 들어가도 되나요?

7 주문을 받아도 되나요? (직역) / 주문하시겠습니까? (의역)

≪정답은 앞 페이지에서 확인하세요.

상대방에게 요청, 부탁하기
Can, Could, Would & Will

Can you [캔 유 ~?]	+ 동사원형?

(너) 동사해줄 수 있니?
(당신) 동사해줄 수 있나요?

Could you [쿠드 유 ~?] [쿠쥬 ~?]	+ 동사원형?

Would you [우드 유 ~?] [우쥬 ~?]	+ 동사원형?

Will you please [윌 유 플리-즈(z) ~?]	+ 동사원형?

(당신) 동사해주실 수 있나요?

요청, 부탁의 의미를 더하는 can, could, would, will

Can you, **Could you**, **Would you**, **Will you (please)** 다음에 **동사원형**을 쓰면,
무언가를 해줄 수 있는 지에 대해 **요청** 또는 **부탁**을 할 때 쓰는 표현이 됩니다.
기본적으로 모두 같은 의미를 가지며, 바꾸어 써도 큰 문제가 되지 않습니다.

Can	요청, 부탁을 할 때, 가장 일반적으로 쓰이는 표현
Could, Would, Will	can보다 더 공손하고 격식을 차린 표현

| 동사 표현 | 1번 말하고 한 칸 체크 ☑☐☐☐☐ |

open this
[오(우)픈 디(th)쓰]

(병, 뚜껑 등)
이것을 열다

give me a ride
[기브(v) 미 어 라이드][깁(v) 미 어 라이드]

나를 차로 태워 주다

pick me up
[픽 미 엎]

나를 픽업하다,
나를 데리러 오다

say that
[쎄이 댙(th)]

그 말을 하다,
그것을 말하다

recommend a restaurant
[뤠커멘드 어 뤠스터뢴트]

식당을 추천하다

do me a favor
[두 미 어 풰이붤(v/r)]

나의 부탁을 들어주다

open the door
[오(우)픈 더(th) 도얼(r)]

문을 열다

Can you + 동사원형? / Could you + 동사원형?
Would you + 동사원형? / Will you please + 동사원형?

Can you open this?
[캔 유 오(우)픈 디(th)쓰?]

이것을 열어줄 수 있니?

Can you give me a ride to the airport?
[캔 유 깁(v) 미 어 라이드 투 디(th) 에얼(r)폴(r)트?]

공항까지 (나를) (차로) 태워 줄 수 있니?

Can you pick me up at the airport?
[캔 유 픽 미 엎 앹 디(th) 에얼(r)폴(r)트?]

공항에서 나를 픽업해줄 수 있니?

Could you say that again?
[쿠쥬 쎄이 댙(th) 어겐?]

다시 한 번 말씀해주실 수 있나요?

Could you recommend a good restaurant?
[쿠쥬 뤠커멘드 어 귿 뤠스터롼트?]

좋은 식당을 추천해주실 수 있나요?

Would you do me a favor?
[우쥬 두 미 어 풰이붤(v/r)?]

제 부탁을 들어주실 수 있나요?

Will you please open the door?
[윌 유 플리-즈(z) 오(우)픈 더(th) 도얼(r)?]

문을 열어주실 수 있나요?

동사 표현(빨강), 부사(초록), 전치사+명사(파랑)

다음 문장을 영어로 말해 보세요. 바로 나오지 않으면 Step2를 복습하세요.

1 이것을 열어줄 수 있니?

🎙 **Can you open this?**

2 공항까지 (나를) (차로) 태워 줄 수 있니?

🎙

3 공항에서 나를 픽업해줄 수 있니?

🎙

4 다시 한 번 말씀해주실 수 있나요?

🎙

5 좋은 식당을 추천해주실 수 있나요?

🎙

6 제 부탁을 들어주실 수 있나요?

🎙

7 문을 열어주실 수 있나요?

🎙

《정답은 앞 페이지에서 확인하세요.

방금 결정한 일 또는 추측하기
will & might

| 주어 | + | will
[윌] | + | 동사원형. |

① 주어는 동사할래.
② 주어는 동사할 것 같아.

| Maybe
[메이비] | + | 주어 | + | will
[윌] | + | 동사원형. |

① 어쩌면 주어는 동사할지도 몰라.
② 어쩌면 주어는 동사할 수도 있어.

| 주어 | + | might
[마잍] | + | 동사원형. |

① 주어는 동사할지도 몰라.
② 주어는 동사할 수도 있어.

※ 두 번째 패턴 문장의 **Maybe**는 **부사**입니다.

즉흥적 결정 또는 추측의 의미를 더하는 will, might

주어 다음에 **will 동사원형**을 쓰면, **방금 결정한 미래에 할 일** 또는 **미래에 일어날 일에 대한 추측**의 의미를 가질 수 있습니다. will이 **추측**의 의미를 가지는 경우 대략 70~80%의 가능성을 나타냅니다.

주어 다음에 **might 동사원형**을 쓰면, **어떠한 일이 일어날 가능성에 대한 추측**의 의미를 가집니다. 이때의 추측은 대략 50%의 가능성을 나타냅니다.
(**주어 will 동사원형** 앞에 Maybe를 붙여) **Maybe 주어 will 동사원형**.이라고 말하면 **주어 might 동사원형**.과 의미차이가 거의 없습니다.

※ 이 밖에도 추측하여 말할 때 may, can, could, should, must 등이 쓰일 수 있으며, 각각의 단어는 비슷한 뜻을 가지나 약간의 어감 차이가 있습니다.
한 번에 모든 조동사의 쓰임과 뉘앙스를 구분하여 학습하는 것은 오히려 역효과가 날 수 있기에 우선적으로 알아두어야 하는 내용을 위주로 다루도록 하겠습니다.

동사 표현부터 익혀 보세요. 🎧 MP3 22-1

동사 표현   1번 말하고 한 칸 체크 ☑☐☐☐☐

---

go to the movies
[고(우) 투 더(th) 무-뷔즈]

(영화관에)
영화를 보러가다

catch a cold
[캐취 어 코을드][캐취 어 코울드]

감기에 걸리다

like it
[라잌 잍][라이킽]

그것을 좋아하다,
그것이 마음에 들다

Memo

주어 + will + 동사원형. / Maybe + 주어 + will + 동사원형.
주어 + might + 동사원형.

I will go to the movies.
[아이 윌 고(우) 투 더(th) 무-뷔즈]

나는 영화를 보러 갈래.
(즉흥적으로 결정)

I might go to the movies.
[아이 마잍 고(우) 투 더(th) 무-뷔즈]

나는 영화를 보러 갈지도 몰라.
(50% 정도의 가능성)

I will catch a cold.
[아이 윌 캐취 어 코을드]

나는 감기에 걸릴 것 같아.
(70~80%의 가능성)

Maybe I will catch a cold.
[메이비 아이 윌 캐취 어 코을드]

어쩌면 나는 감기에 걸릴지도 몰라.
(50% 정도의 가능성)

I might catch a cold.
[아이 마잍 캐취 어 코을드]

나는 감기에 걸릴지도 몰라.
(50% 정도의 가능성)

He will like it.
[히 윌 라이킽]

그는 그것을 좋아할 거야.
(70~80%의 가능성)

Maybe he will like it.
[메이비 히 윌 라이킽]

어쩌면 그는 그것을 좋아할지도 몰라.
(50% 정도의 가능성)

He might like it.
[히 마잍 라이킽]

그는 그것을 좋아할지도 몰라.
(50% 정도의 가능성)

동사 표현(빨강)

다음 문장을 영어로 말해 보세요. 바로 나오지 않으면 Step2를 복습하세요.

1 나는 영화를 보러 갈래. (즉흥적으로 결정)

🎤 I will go to the movies.

2 나는 영화를 보러 갈지도 몰라. (50% 정도의 가능성)

🎤

3 나는 감기에 걸릴 것 같아. (70~80%의 가능성)

🎤

4 어쩌면 나는 감기에 걸릴지도 몰라. (50% 정도의 가능성)

🎤

5 나는 감기에 걸릴지도 몰라. (50% 정도의 가능성)

🎤

6 그는 그것을 좋아할 거야. (70~80%의 가능성)

🎤

7 어쩌면 그는 그것을 좋아할지도 몰라. (50% 정도의 가능성)

🎤

8 그는 그것을 좋아할지도 몰라. (50% 정도의 가능성)

🎤

≪ 정답은 앞 페이지에서 확인하세요.

조언이나 충고하기 should

주어 + should + 동사원형.
[슈(드)]

주어는 동사를 해야 해.
주어는 동사를 하는 게 좋겠어.

조언 또는 충고의 의미를 더하는 should

주어 다음에 **should 동사원형**을 쓰면, **무언가를 해야 한다** 또는 **무언가를 하는 것이
좋은 생각인 것 같다**는 의미를 더할 수 있습니다. 누군가에게 **조언**이나 **충고**를 할 때
주로 쓰이지만, 반드시 해야 한다는 느낌은 가지고 있지 않습니다.

예 ① apologize   사과하다
   ② should apologize   사과해야 한다
                                 사과하는 게 좋겠다
   ③ You should apologize.   너는 사과해야 해.
                                 너는 사과하는 게 좋겠어.
                                 당신은 사과하셔야 해요.
                                 당신은 사과하는 게 좋겠어요.

동사 표현	1번 말하고 한 칸 체크 ☑☐☐☐☐

study harder
[스터디 할(r)-덜(r)]

더 열심히 공부하다

take medicine
[테일 메디쓴]

약을 먹다

see a doctor
[씨- 어 닥털(r)]

진찰을 받다, 병원에 가다

go to the dentist
[고(우) 투 더(th) 덴티스트]

치과에 가다

wash your hands
[워쉬 유얼(r) 핸즈]

너의 손을 씻다

take the subway
[테일 더(th) 써브웨이]

지하철을 타다

cut down on coffee
[컽 다운 온 커-퓌]

커피를 줄이다

주어 + should + 동사원형.

I should study harder.
[아이 슈(드) 스터디 할(r)-덜(r)]

나는 더 열심히 공부를 해야 해.

I should take medicine.
[아이 슈(드) 테일 메디쓴]

나는 약을 먹는 게 좋겠어.

You should see a doctor.
[유 슈(드) 씨- 어 닥털(r)]

너는 진찰을 받아야 해.

You should go to the dentist.
[유 슈(드) 고(우) 투 더(th) 덴티스트]

너는 치과에 가야 해.

You should wash your hands before eating.
[유 슈(드) 워쉬 유얼(r) 핸즈 비폴(f/r)- E링]

너는 먹기 전에 손을 씻어야 해.

We should take the subway.
[위 슈(드) 테일 더(th) 써브웨이]

우리는 지하철을 타는 게 좋겠어.

She should cut down on coffee.
[쉬 슈(드) 컽 다운 온 커-퓌]

그녀는 커피를 줄여야 해.

동사 표현(빨강), 전치사+명사(파랑)

115

다음 문장을 영어로 말해 보세요. 바로 나오지 않으면 Step2를 복습하세요.

1 나는 더 열심히 공부를 해야 해.

🎤 **I should study harder.**

2 나는 약을 먹는 게 좋겠어.

🎤

3 너는 진찰을 받아야 해.

🎤

4 너는 치과에 가야 해.

🎤

5 너는 먹기 전에 손을 씻어야 해.

🎤

6 우리는 지하철을 타는 게 좋겠어.

🎤

7 그녀는 커피를 줄여야 해.

🎤

≪ 정답은 앞 페이지에서 확인하세요.

확신하거나 반드시 해야 한다고 말하기 must

주어 + **must** + 동사원형.
[머스트]

① 주어는 (반드시) 동사해야 해.
② 주어는 동사함에 틀림없어.
   주어는 분명히 동사할 거야.

반드시 해야한다는 의미를 더하는 must

주어 다음에 **must 동사원형**을 쓰면, **무언가를 반드시 해야 한다**는 의미를
더할 수 있습니다. 이것은 **should**처럼 **조언**이나 **충고**를 할 때 쓰이는 표현이 아니라
무언가를 반드시 해야 한다는 **필요성** 또는 **의무** 느낌을 가지고 있습니다.

예 (운동을 하지 않아 건강이 나빠진 사람에게)　　You must work out.
　　　　　　　　　　　　　　　　　　　　　　너는 반드시 운동을 해야 해.

강한 확신의 의미를 더하는 must

주어 다음에 **must 동사원형**을 쓰면, **무언가를 반드시 해야 한다**는 의미를
더하는 것 외에도 **무엇임에 틀림없다**라는 뜻으로
확신 또는 **확신에 가까운 추측, 추론**을 할 때 쓰는 표현이 될 수도 있습니다.

예 (근육질의 사람에게)　　You must work out.
　　　　　　　　　　　　너는 운동을 함에 틀림없어. (직역)
　　　　　　　　　　　　너 운동을 하는구나! (의역)

※ 대부분의 **조동사**는 단 하나의 뜻이 아닌 **다양한 의미**를 더합니다. 같은 형태의
문장이라도 **문맥**이나 **상황**에 따라 적절히 말하고 이해할 수 있어야 합니다.
그렇기 때문에 각각의 단어가 어떤 의미로 쓰일 수 있는지 잘 알아둘 필요가
있습니다.

동사 표현   1번 말하고 한 칸 체크 ☑ ☐ ☐ ☐ ☐

do it over
[두 잍 오(우)붤(r)]

그것을 처음부터
다시 하다

finish it
[퓌니쉬 잍]

그것을 끝내다

wear a helmet
[웨얼(r) 어 헬밑]

헬멧을 쓰다,
안전모를 착용하다

wear a seatbelt
[웨얼(r) 어 씯-벨트]

좌석벨트를 매다,
안전벨트를 매다

follow the rules
[퐐로우 더(th) 룰(r)-쓰]

규칙을 따르다

have a cold
[해브(v) 어 코을드]

감기에 걸려 있다

know each other
[노(우) E-취 어덜(th/r)]

서로를 알다

주어 + must + 동사원형.

I must do it over.
[아이 머스트 두 잍 오(우)붤(r)]

나는 그것을 처음부터
다시 해야 해. (필수, 의무)

I must finish it by 5:00.
[아이 머스트 퓌니쉬 잍 바이 파이브(v)]

나는 늦어도 5시까지 이것을
끝내야 해. (필수, 의무)

*상황에 따라 it이 '이것'으로 해석되기도 합니다.

You must wear a helmet.
[유 머스트 웨얼(r) 어 헬밑]

너는 헬멧을 써야 해.
(필수, 의무)

You must wear a seatbelt.
[유 머스트 웨얼(r) 어 씥-벨트]

너는 좌석벨트를 매야 해.
(필수, 의무)

We must follow the rules.
[위 머스트 퐐로우 더(th) 룰(r)-쓰]

우리는 규칙을 따라야 해.
(필수, 의무)

You must have a cold.
[유 머스트 해브(v) 어 코올드]

너 감기에 걸렸구나.
(확신에 가까운 추측)

They must know each other.
[데(th)이 머스트 노(우) E-취 어덜(th/r)]

그들은 서로 아는 사이임에
틀림없어. (확신에 가까운 추측)

동사 표현(빨강), 전치사+명사(파랑)

1 나는 그것을 처음부터 다시 해야 해. (필수, 의무)

🎤 I must do it over.

2 나는 늦어도 5시까지 이것을 끝내야 해. (필수, 의무)

🎤

3 너는 헬멧을 써야 해. (필수, 의무)

🎤

4 너는 좌석벨트를 매야 해. (필수, 의무)

🎤

5 우리는 규칙을 따라야 해. (필수, 의무)

🎤

6 너 감기에 걸렸구나. (확신에 가까운 추측)

🎤

7 그들은 서로 아는 사이임에 틀림없어. (확신에 가까운 추측)

🎤

《정답은 앞 페이지에서 확인하세요.

반드시 해야 한다고 말하기
have to, has to

I / You / We / They [아이 / 유 / 위 / 데(th)이]	+	have to + 동사원형. [해브(v) 투 ~]
He / She / It [히 / 쉬 / 잍]	+	has to + 동사원형. [해즈(z) 투 ~]

주어는 (반드시) 동사해야 해.

반드시 해야 한다는 의미를 더하는 have to, has to

주어 I, You, We, They 다음에 **have to 동사원형**을 쓰거나 **주어 He, She, It** 다음에
has to 동사원형을 쓰면, **무언가를 반드시 해야 한다**는 의미를 더할 수 있습니다.
이때 쓰인 **have** 또는 **has**는 **무엇을 가지고 있다**는 뜻의 **일반동사 have, has**와는
아무런 관련이 없습니다.
기본적으로 must와 (거의) 같은 의미를 가지며, 회화체로는 have to 또는 has to가
더 자주 쓰입니다.

have to, has to와 must의 차이점

must는 말하는 **당사자가 무언가를 할 필요성이 있다고 결정하여 반드시 해야 한다고**
말할 때 주로 쓰이고, **have to**와 **has to**는 말하는 당사자가 아닌 **다른 사람이나**
상황에 의해 결정되어 반드시 해야 된다고 말할 때 주로 씁니다.
엄연히 따지면 **have to, has to**와 **must**에는 약간의 어감차이가 있을 수 있지만,
기초 수준에서는 굳이 구분하여 사용하지 않으셔도 큰 문제가 되지 않습니다.
일상대화에서는 have to 또는 has to로 말하는 것이 더 좋습니다.

※ 대부분의 **조동사**와 달리, **have to** 또는 **has to**는 쓰임에 차이가 있는데,
    특히 **부정문**이나 **의문문**에서 큰 차이를 보입니다.
※ have to와 has to의 부정문은 p133을 참고해주시길 바랍니다.

동사 표현부터 익혀 보세요.

🎧 MP3 25-1

동사 표현	1번 말하고 한 칸 체크 ☑☐☐☐☐

study
[스터디][스떠리]

공부하다

visit my parents
[뷔짙(z) 마이 페어뤈츠]

* 영어에서는 장소뿐만 아니라 사람도 방문 가능합니다.

나의 부모님을 방문하다

follow your heart
[팔로우 유얼(r) 할(r)-트]

너의 마음을 따라가다

go grocery shopping
[고(우) 그로(r)(우)써뤼 쇼핑]

장보러 가다

hurry
[허뤼]

서두르다

work overtime
[월(r)-크 오(우)뷜(r)타임]

초과근무를 하다

feed her cat
[퓌-드 헐(r) 캩]

그녀의 고양이에게
먹이를 주다

주어 + have to + 동사원형. / 주어 + has to + 동사원형.

I have to study tonight.
[아이 해브(v) 투 스터디 트나잍]

나는 오늘 밤에 공부를 해야 해.

I have to visit my parents.
[아이 해브(v) 투 뷔짙(z) 마이 페어뤈츠]

나는 나의 부모님을 방문해야 해.

You have to follow your heart.
[유 해브(v) 투 팔로우 유얼(r) 할(r)-트]

너는 너의 마음이 시키는 대로 해야 해. (의역)

We have to go grocery shopping.
[위 해브(v) 투 고(우) 그로(r)(우)써뤼 쇼핑]

우리는 장보러 가야 해.

They have to hurry.
[데(th)이 해브(v) 투 허뤼]

그들은 서둘러야 해.

He has to work overtime.
[히 해즈(z) 투 월(r)-크 오(우)뷜(r)타임]

그는 초과근무를 해야 해.

She has to feed her cat.
[쉬 해즈(z) 투 퓌-드 헐(r) 캩]

그녀는 그녀의 고양이에게 먹이를 줘야 해.

동사 표현(빨강), 부사(초록)

1 나는 오늘 밤에 공부를 해야 해.

 I have to study tonight.

2 나는 나의 부모님을 방문해야 해.

3 너는 너의 마음이 시키는 대로 해야 해. (의역)

4 우리는 장보러 가야 해.

5 그들은 서둘러야 해.

6 그는 초과근무를 해야 해.

7 그녀는 그녀의 고양이에게 먹이를 줘야 해.

≪ 정답은 앞 페이지에서 확인하세요.

할 수 없다고 말하기 can't

주어 + can't + 동사원형.
[캔(트)]

주어는 동사할 수 없어.
주어는 동사를 못 해.

※ **can't**는 **cannot**을 줄인 형태입니다.

할 수 없다는 의미를 더하는 can't

일반적인 **조동사**의 부정문은 **조동사 다음에** not를 쓰면 됩니다.
조동사 can 다음에 **not**을 써서 **cannot 동사원형** 또는 **can't 동사원형**이라고 말하면,
무언가를 할 수 없다는 의미를 더할 수 있습니다. 이때도 동사의 형태는 주어에 관계없이
모두 같은 형태를 가집니다.

예 ① **do it**   그것을 하다
   ② **can't do it**   그것을 할 수 없다
   ③ **I can't do it.**   **나는** 그것을 할 수 없어.

can't 발음하는 법

can't가 들어있는 부정문을 발음할 때 **can't**에 강세를 두어 **강하게 발음**합니다.
미국식 영어에서 can't의 t는 거의 들리지 않거나 아주 살짝 들릴 정도로 약하게
발음합니다.

예 I **can'**t do it. (밑줄 친 부분을 강하게 발음)
   [아이 캔(트) 두 잍]

125

동사 표현	1번 말하고 한 칸 체크 ☑☐☐☐☐

go to the party
[고(우) 투 더(th) 파뤼]

그 파티에 가다

open this bottle
[오(우)픈 디(th)쓰 바를]

이 병을 열다

find my wallet
[퐈인드 마이 월릳]

나의 지갑을 발견하다,
나의 지갑을 찾다

move my arm
[무-브(v) 마이 앎-]

나의 팔을 움직이다

beat me
[비-트 미][빝- 미]

나를 이기다

live
[리브(v)]

살다

afford it
[어폴(f/r)-드 잍][어폴(f/r)-딭]

그것을 살 여유가 되다

주어 + can't + 동사원형.

I can't go to the party.
[아이 캔(트) 고(우) 투 더(th) 파뤼]

나는 그 파티에 못 가.

I can't open this bottle.
[아이 캔(트) 오(우)픈 디(th)쓰 바를]

나는 이 병을 못 열겠어.

I can't find my wallet.
[아이 캔(트) 파인드 마이 월릳]

나는 나의 지갑을 못 찾겠어.

I can't move my arm.
[아이 캔(트) 무-브(v) 마이 앎-]

나는 (나의) 팔을 움직일 수 없어.

You can't beat me.
[유 캔(트) 비-트 미]

너는 나를 이길 수 없어.

She can't live without coffee.
[쉬 캔(트) 리브(v) 위드(th)아웉 커-퓌]

그녀는 커피 없이 못 살아.

We can't afford it.
[위 캔(트) 어폴(f/r)-딭]

우리는 그것을 살 여유가 없어. (의역)

동사 표현(빨강), 전치사+명사(파랑)

1 나는 그 파티에 못 가.

🎤 **I can't go to the party.**

2 나는 이 병을 못 열겠어.

🎤

3 나는 나의 지갑을 못 찾겠어.

🎤

4 나는 (나의) 팔을 움직일 수 없어.

🎤

5 너는 나를 이길 수 없어.

🎤

6 그녀는 커피 없이 못 살아.

🎤

7 우리는 그것을 살 여유가 없어. (의역)

🎤

《정답은 앞 페이지에서 확인하세요.

하지 말라고 조언, 충고하기
shouldn't

주어 + **shouldn't** + 동사원형.
[슈든(트)][슈른(트)]

주어는 동사를 하지 말아야 해.
주어는 동사를 하지 않는 게 좋겠어.

※ **shouldn't**는 should not을 줄인 형태입니다.

조언과 충고의 shouldn't

일반적인 **조동사**의 부정문은 **조동사 다음**에 not를 쓰면 됩니다.
조동사 should 다음에 **not**을 써서 **should not 동사원형** 또는 **shouldn't 동사원형**이
라고 말하면, **무언가를 하지 않는 것이 좋은 생각인 것 같다**는 의미를 더할 수 있습니다.
누군가에게 **조언**이나 **충고**를 할 때 주로 쓰지만, 절대 하면 안 된다는 느낌을 가지고
있지는 않습니다.

예 ① **go there**　　　　　　　　거기에 가다

② **shouldn't go there**　　　거기에 가지 말아야 한다
　　　　　　　　　　　　　　거기에 가지 않는 게 좋겠다

③ **You shouldn't go there.**　너는 거기에 가지 말아야 해.
　　　　　　　　　　　　　　너는 거기에 가지 않는 게 좋겠어.
　　　　　　　　　　　　　　당신은 거기에 가지 말아야 해요.
　　　　　　　　　　　　　　당신은 거기에 가지 않는 게 좋겠어요.

동사 표현	1번 말하고 한 칸 체크 ☑☐☐☐☐

say that
[쎄이 댙(th)]

그 말을 하다,
그렇게 말하다

judge a book
[져지 어 북-]

책을 판단하다

marry him
[매뤼 힘]

그와 결혼하다

marry her
[매뤼 헐(r)]

그녀와 결혼하다

waste (our) time
[웨이스트 (아우얼) 타임]

(우리의) 시간을
낭비하다

spend too much money
[스펜드 투- 머취 머니]

너무 많은 돈을 쓰다

drink too much soda
[드링크 투- 머취 쏘우더]

너무 많은 탄산음료를
마시다

주어 + shouldn't + 동사원형.

You shouldn't say that.
[유 슈른(트) 쎄이 댙(th)]

(너는) 그렇게 말하면 안 돼.

You shouldn't judge a book by its cover.
[유 슈른(트) 져지 어 북- 바이 잍츠 커뷜(r)]

표지를 보고 책을 판단하지 마라. (직역)
(너는) 겉모습만 보고 판단해서는 안 된다. (영어속담)

She shouldn't marry him.
[쉬 슈른(트) 매뤼 힘]

그녀는 그와 결혼하지 말아야 해.

He shouldn't marry her.
[히 슈른(트) 매뤼 헐(r)]

그는 그녀와 결혼하지 말아야 해.

We shouldn't waste (our) time.
[위 슈른(트) 웨이스트 (아우얼) 타임]

우리는 (우리의) 시간을 낭비하지 말아야 해.

They shouldn't spend too much money.
[데(th)이 슈른(트) 스펜드 투- 머취 머니]

그들은 돈을 너무 많이 쓰지 말아야 해.

I shouldn't drink too much soda.
[아이 슈른(트) 드륑크 투- 머취 쏘우더]

나는 탄산음료를 너무 많이 마시지 말아야 해.

동사 표현(빨강), 전치사+명사(파랑)

131

다음 문장을 영어로 말해 보세요. 바로 나오지 않으면 Step2를 복습하세요.

1 (너는) 그렇게 말하면 안 돼.

 You shouldn't say that.

2 (너는) 겉모습만 보고 판단해서는 안 된다. (영어속담)

3 그녀는 그와 결혼하지 말아야 해.

4 그는 그녀와 결혼하지 말아야 해.

5 우리는 (우리의) 시간을 낭비하지 말아야 해.

6 그들은 돈을 너무 많이 쓰지 말아야 해.

7 나는 탄산음료를 너무 많이 마시지 말아야 해.

≪ 정답은 앞 페이지에서 확인하세요.

must not과 don't have to 비교

I / You / We / They	+	don't have to + 동사원형.
[아이 / 유 / 위 / 데(th)이]		[돈(트) 해브(v) 투]

He / She / It	+	doesn't have to + 동사원형.
[히 / 쉬 / 잍]		[더즌(트) 해브(v) 투]

주어는 동사할 필요가 없어.

주어	+	must not [머스트 낱]	+	동사원형.

① 주어는 절대 동사하면 안 돼.
② 주어는 동사를 하지 않은 것에 틀림없어.

※ don't는 do not을 줄인 형태이고,
doesn't는 does not을 줄인 형태입니다.

don't have to & doesn't have to 구분하기

have to 동사원형의 부정은 don't have to 동사원형이고, has to 동사원형의 부정은
doesn't have to 동사원형입니다.
주어 I, You, We, They 다음에 don't have to 동사원형을 쓰거나 주어 He, She, It
다음에 doesn't have to 동사원형을 쓰면 무언가를 해야 할 필요가 없다는 의미를
가집니다. 무언가를 절대 하면 안 된다는 의미가 아니라는 점을 꼭 기억해야 합니다.

must 부정문 만드는 법

must 동사원형의 부정은 주어에 관계없이 must not 동사원형입니다.
주어 must not 동사원형이라고 말하면, 무언가를 절대 하면 안 된다는 의미가 될 수도
있고, 주어가 동사 하지 않은 것에 틀림없다고 확신 또는 확신에 가까운 추측, 추론을
할 때 쓰는 표현이 될 수도 있습니다.

동사 표현	1번 말하고 한 칸 체크 ☑☐☐☐☐

go to work
[고(우) 투 월(r)-크]

직장에 가다, 출근하다

make dinner
[메익 디널(r)]

저녁 식사를 준비하다

wait for him
[웨잍 폴(f/r) 힘][웨잍 포(f)름]

그를 기다리다

worry about it
[워-뤼 어바웉 잍][워-뤼 어바우맅]

그것에 대해 걱정하다

touch it
[터취 잍][터췰]

그것을 만지다

drop it
[드뢒 잍][드롸핕]

그것을 떨어뜨리다

like sports
[라익 스폴(r)-츠]

스포츠를 좋아하다

주어 + don't have to + 동사원형. / 주어 + doesn't have to + 동사원형.
주어 + must not + 동사원형.

I don't have to go to work tomorrow.
[아이 돈(트) 해브(v) 투 고(우) 투 월(r)-크 트머-로(r)우]

나는 내일 출근을 할 필요가 없어.

You don't have to make dinner for me.
[유 돈(트) 해브(v) 투 메익 디널(r) 폴(f/r) 미]

너는 나를 위해 저녁 식사를 준비할 필요가 없어.

We don't have to wait for him.
[위 돈(트) 해브(v) 투 웨잍 폴(f/r) 힘]

우리는 그를 기다릴 필요가 없어.

She doesn't have to worry about it.
[쉬 더즌(트) 해브(v) 투 워-뤼 어바우맅]

그녀는 그것에 대해 걱정할 필요가 없어.

You must not touch it.
[유 머스트 낱 터칱]

(너는) 그것을 (절대) 만지면 안 돼. (필수, 의무)

You must not drop it.
[유 머스트 낱 드롸핕]

(너는) 그것을 (절대) 떨어뜨리면 안 돼. (필수, 의무)

She must not like sports.
[쉬 머스트 낱 라잌 스폴(r)-츠]

그녀는 스포츠를 좋아하지 않는 게 틀림없어. (확신에 가까운 추측)

동사표현(빨강), 부사(초록), 전치사 + 명사(파랑)

135

1 나는 내일 출근을 할 필요가 없어.

 I don't have to go to work tomorrow.

2 너는 나를 위해 저녁 식사를 준비할 필요가 없어.

3 우리는 그를 기다릴 필요가 없어.

4 그녀는 그것에 대해 걱정할 필요가 없어.

5 (너는) 그것을 (절대) 만지면 안 돼. (필수. 의무)

6 (너는) 그것을 (절대) 떨어뜨리면 안 돼. (필수. 의무)

7 그녀는 스포츠를 좋아하지 않는 게 틀림없어. (확신에 가까운 추측)

《정답은 앞 페이지에서 확인하세요.

조동사 + be동사 표현

might, should, must, have to와 같은 조동사 다음에 be동사를 쓸 때는
반드시 be동사의 동사원형인 **be**를 써야 합니다.
＊have to, has to는 부정문의 형태가 다르므로 주의하세요!

---

1 주어 + might be + 형용사.

: 주어는 형용사할 지도 몰라.

She might be upset.
그녀는 기분이 상했을지도 몰라.

---

2 주어 + might not be + 형용사.

: 주어는 형용사하지 않을 지도 몰라.

It might not be true.
그것은 사실이 아닐지도 몰라.

---

3 주어 + should be + 형용사.

: 주어는 형용사해야 해. / 주어는 형용사하는 게 좋겠어.

You should be patient.
너는 인내심을 가져야 해.

---

4 주어 + should not be + 형용사.

: 주어는 형용사하지 말아야 해.
  주어는 형용사하지 않는 게 좋겠어.

I should not be (too) honest.
나는 (너무) 솔직하면 안 되겠어. (의역)

---

⑤ 주어 + must be + 형용사.

: 주어는 형용사함에 틀림없어.

He must be tired.
그는 피곤함에 틀림없어.

⑥ 주어 + must not be + 형용사.

: 주어는 형용사하지 않음에 틀림없어.

He must not be hungry.
그는 배가 고프지 않은 것에 틀림없어.

⑦ I / You / We / They + have to be 형용사.
He / She / It + has to be 형용사.

: 주어는 (반드시) 형용사해야 해.

① **You have to be careful.**
너는 (반드시) 조심해야만 해.
② **He has to be responsible.**
그는 (반드시) 책임감을 가져야만 해.

⑧ I / You / We / They + don't have to be 형용사.
He / She / It + doesn't have to be 형용사.

: 주어는 형용사할 필요가 없어.

① **You don't have to be sorry.**
너는 미안해 할 필요가 없어.
② **It doesn't have to be perfect.**
그것은 완벽할 필요는 없어.

Chapter 04

비교하여 말하기 (비교급 & 최상급)

형용사의 대표적 위치

1 be동사 + 형용사 → be동사 뒤

happy : 행복한
am happy : 행복하다
I am happy. : 나는 행복해.

★ ~한 또는 ~ㄴ이라는 뜻의 형용사가 **be동사** 뒤에 위치하여
　be동사(am, are, is)+형용사의 형태를 가지면 **형용사하다**라는 뜻이 됩니다.

2 형용사 + 명사 → 명사 앞

happy : 행복한
a person : 사람
a **happy** person : 행복한 사람
I am a **happy** person. : 나는 행복한 사람이야.

★ ~한 또는 ~ㄴ이라는 뜻의 형용사가 **명사** 앞에 위치하여
　형용사+**명사**의 형태를 가지면 **형용한 명사**라는 뜻이 됩니다.

비교할 때 쓰이는 better & worse

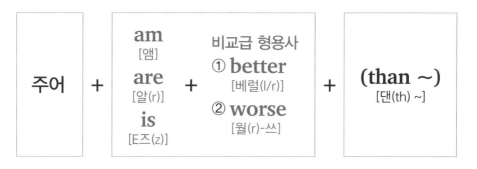

① 주어는 더 좋아. / 주어가 더 나아.
② 주어는 더 나빠. / 주어가 더 별로야.

불규칙적인 형태 better & worse

~한 또는 ~ㄴ이라는 뜻의 형용사를 **더 ~한** 또는 **더 ~ㄴ**이라는 뜻의
비교급 형용사로 바꾸는 방법은 크게 3가지로 나누어집니다.
첫 번째는 **better**, **worse**와 같은 불규칙적인 형태를 가지는 경우가 있습니다.

good이 형용사로 쓰이면 **좋은**이라는 뜻입니다.
better이 형용사로 쓰이면 **더 좋은**이라는 뜻입니다.
bad가 형용사로 쓰이면 **나쁜** 또는 **안 좋은**이라는 뜻입니다.
worse가 형용사로 쓰이면 **더 나쁜** 또는 **더 안 좋은**이라는 뜻입니다.
비교를 할 때 쓰이는 형용사 **better**과 **worse**는 불규칙적인 변화형을 가지기 때문에
그냥 외우는 것이 좋습니다.
비교 대상을 구체적으로 말할 때는 **~보다**라는 뜻의 단어 **than**을 씁니다.

good, bad, better, worse 문장 살펴보기

A is good.	A는 좋아.
A is better.	A가 더 좋아.
A is bad.	A는 안 좋아. A는 별로야.
A is worse.	A가 더 안 좋아. A가 더 별로야.
A is better than B.	A가 B보다 더 좋아.
A is worse than B.	A가 B보다 더 별로야.

단어	1번 말하고 한 칸 체크 ✓ ☐ ☐ ☐ ☐

good
[귿]

좋은

better
[베럴(l/r)]

더 좋은,
더 나은

bad
[배드]

나쁜,
안 좋은

worse
[월(r)-쓰]

더 나쁜,
더 안 좋은

than
[댄(th)]

~보다

mine
[마인]

나의 것,
내 것

his
[히즈(z)]

그의 것

hers
[헐(r)즈]

그녀의 것

주어 + be동사 + better. / 주어 + be동사 + worse.

This is better than that.
[디(th)쓰 E즈(z) 베럴(l/r) 댄(th) 댙(th)]

이것이 저것보다 더 좋아.

These are better than those.
[디(th)-즈(z) 알(r) 베럴(l/r) 댄(th) 도(th)우즈(z)]

이것들이 저것들보다 더 좋아.

Your Korean is better than my English.
[유얼(r) 코뤼-언 E즈(z) 베럴(l/r) 댄(th) 마이 잉글리쉬]

너의 한국어가 나의 영어보다 더 나아.

Your idea is better than mine.
[유얼(r) 아이디-어 E즈(z) 베럴(l/r) 댄(th) 마인]

너의 아이디어가 내 것(내 아이디어)보다 더 나아.

That is worse than this.
[댙(th) E즈(z) 월(r)-쓰 댄(th) 디(th)쓰]

저것이 이것보다 더 별로야.

Those are worse than these.
[도(th)우즈(z) 알(r) 월(r)-쓰 댄(th) 디(th)-즈(z)]

저것들이 이것들보다 더 별로야.

My car is worse than his.
[마이 칼(r)- E즈(z) 월(r)-쓰 댄(th) 히즈(z)]

나의 차는 그의 것보다 더 별로야.

My laptop is worse than hers.
[마이 랲탚 E즈(z) 월(r)-쓰 댄(th) 헐(r)즈]

나의 노트북 컴퓨터는 그녀의 것보다 더 별로야.

be동사(am, are, is) + 형용사(빨강)

1 이것이 저것보다 더 좋아.

 This is better than that.

2 이것들이 저것들보다 더 좋아.

3 너의 한국어가 나의 영어보다 더 나아.

4 너의 아이디어가 내 것(내 아이디어)보다 더 나아.

5 저것이 이것보다 더 별로야.

6 저것들이 이것들보다 더 별로야.

7 나의 차는 그의 것보다 더 별로야.

8 나의 노트북 컴퓨터는 그녀의 것보다 더 별로야.

≪ 정답은 앞 페이지에서 확인하세요.

UNIT 30 비교를 할 때 쓰이는 짧은 형용사 (-er)

주어 + am [앰] are [알(r)] is [E즈(z)] + 비교급 형용사 ① -er ② -(e)r ③ -ier + (than ~) [댄(th) ~]

주어는 (~보다) 더 형용사해.

규칙적인 형태 -er

~한 또는 ~ㄴ이라는 뜻의 형용사를 **더 ~한** 또는 **더 ~ㄴ**이라는 뜻의
비교급 형용사로 바꾸는 방법은 크게 3가지로 나누어집니다.
두 번째 방법은 **일반적으로 짧은 형용사**의 경우,

① **형용사 뒤에 er을 붙여주거나**

    예 ① **tall** : 키가 큰 (형용사) / **taller** : 더 키가 큰 (형용사)

       ② **am + tall** → 키가 크다

          am + taller → 더 키가 크다

       ③ **I am tall.**   나는 키가 커.

         I am taller than Tom.   나는 Tom보다 더 키가 커.

② **형용사가 e로 끝나는 경우 e뒤에 r을** 붙여주거나

    예 **cute → cuter**

③ **y로 끝나는 형용사**의 경우, **y**를 **i**로 바꾸고 **i** 뒤에 **er**을 붙여 **ier**로 끝나는
형용사를 만드는 경우가 있습니다.

    예 **busy → busier**

비교 대상을 구체적으로 말할 때는 **~보다**라는 뜻의 단어 **than**을 씁니다.

④ **모음+자음으로 끝나는 일부 단어**의 경우, **자음을 하나 더 쓰고 er을 붙이기도**
합니다.

    예 **big → bigger**   **hot → hotter**   **thin → thinner**   **sad → sadder**

비교급 형용사부터 익혀 보세요. 🎧 MP3 30-1

| 비교급 형용사 | 1번 말하고 한 칸 체크 ☑☐☐☐☐ |

shorter
[숄(r)-털(r)][쑈-럴(r)]

더 키가 작은,
더 짧은

smarter
[스말(r)-털(r)][스마-럴(l/r)]

더 똑똑한

cheaper
[취-펄(r)]

(가격이) 더 싼,
더 저렴한

bigger
[비걸(r)]

더 큰

lazier
[레이지(z)얼(r)]

더 게으른

busier
[비지(z)얼(r)]

더 바쁜

cuter
[큐-럴(l/r)]

더 귀여운

주어 + be동사 + 비교급 형용사(-er).

I am shorter than Tom.
[아이 앰 쑈-럴(r) 댄(th) 탐]

나는 Tom보다 키가 (더) 작아.

You are smarter than me.
[유 알(r) 스마-럴(l/r) 댄(th) 미]

너는 나보다 더 똑똑해.

It is cheaper than this.
[잍 E즈(z) 취-펄(r) 댄(th) 디(th)쓰]

그것은 이것보다 더 싸.

It is bigger than that.
[잍 E즈(z) 비걸(r) 댄(th) 댙(th)]

그것은 저것보다 더 커.

He is lazier than me.
[히 E즈(z) 레이지(z)얼(r) 댄(th) 미]

그는 나보다 더 게을러.

They are busier than me.
[데(th)이 알(r) 비지(z)얼(r) 댄(th) 미]

그들은 나보다 더 바빠.

Dogs are cuter than cats.
[독-쓰 알(r) 큐-럴(l/r) 댄(th) 캩츠]

개가 고양이보다 더 귀여워.

be동사(am, are, is) + 형용사(빨강)

다음 문장을 영어로 말해 보세요. 바로 나오지 않으면 Step2를 복습하세요.

1 나는 Tom보다 키가 (더) 작아.

 I am shorter than Tom.

2 너는 나보다 더 똑똑해.

3 그것은 이것보다 더 싸.

4 그것은 저것보다 더 커.

5 그는 나보다 더 게을러.

6 그들은 나보다 더 바빠.

7 개가 고양이보다 더 귀여워.

≪ 정답은 앞 페이지에서 확인하세요.

비교를 할 때 쓰이는 긴 형용사 (more~)

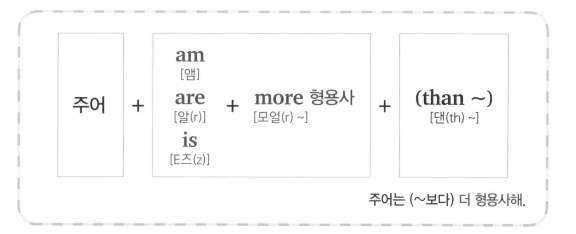

주어 + am [앰] / are [알(r)] / is [E즈(z)] + more 형용사 [모얼(r) ~] + (than ~) [댄(th) ~]

주어는 (~보다) 더 형용사해.

more을 추가하는 형태

~한 또는 ~ㄴ이라는 뜻의 형용사를 **더 ~한** 또는 **더 ~ㄴ**이라는 뜻의
비교급 형용사로 바꾸는 방법은 크게 3가지로 나누어집니다.
세 번째 방법으로 **긴 형용사**의 경우에는 일반적으로 **형용사** 앞에 **more**을 써서
more 형용사의 형태로 씁니다.
비교 대상을 구체적으로 말할 때는 **~보다**라는 뜻의 단어 **than**을 씁니다.

비교급 주의할 점

① **more** 다음에 오는 **형용사에는 er을 붙이지 않습니다.**	It's more beautifuler. (틀린 문장) It's **more beautiful**. (맞는 문장) 그것이 더 아름다워.
② better 또는 worse를 쓸 때 **more better, more worse**라고 **쓰지 않도록 주의**해야 합니다.	It's more better. (틀린 문장) It's **better**. (맞는 문장) 그것이 더 좋아. It's more worse. (틀린 문장) It's **worse**. (맞는 문장) 그것이 더 별로야.

비교급 형용사부터 익혀 보세요.

🎧 MP3 31-1

비교급 형용사
1번 말하고 한 칸 체크 ☑☐☐☐☐

more honest
[모얼(r) 어니스트]

더 정직한

more popular
[모얼(r) 파퓰럴(l/r)]

더 인기 있는,
더 인기가 많은

more confident
[모얼(r) 컨프(f)던트]

더 자신감 있는

more expensive
[모얼(r) 익쓰펜씨브(v)]

(가격이) 더 비싼

more difficult
[모얼(r) 디퓌컬트]

더 어려운

more patient
[모얼(r) 페이션트]

더 참을성 있는

more beautiful
[모얼(r) 뷰-리풀(f)]

더 아름다운

이제 문장으로 말해 볼까요?

🎧 MP3 31-2

주어 + be동사 + 비교급 형용사(more~).

I am more honest than Tom.
[아이 앰 모얼(r) 어니스트 댄(th) 탐]

나는 Tom보다 더 정직해.

You are more popular than me.
[유 알(r) 모얼(r) 파퓰럴(l/r) 댄(th) 미]

너는 나보다 더 인기가 많아.

She is more confident than me.
[쉬 이즈(z) 모얼(r) 컨프(f)던트 댄(th) 미]

그녀는 나보다 더 자신감이 있어.

This is more expensive than that.
[디(th)쓰 이즈(z) 모얼(r) 익쓰펜씨브(v) 댄(th) 댙(th)]

이것이 저것보다 더 비싸.

English is more difficult than math.
[잉글리쉬 이즈(z) 모얼(r) 디퓌컬트 댄(th) 매뜨(th)]

영어가 수학보다 더 어려워.

He is more patient than me.
[히 이즈(z) 모얼(r) 페이션트 댄(th) 미]

그는 나보다 더 참을성 있어.

She is more beautiful than a flower.
[쉬 이즈(z) 모얼(r) 뷰-리풀(f) 댄(th) 어 플(f)라월(r)]

그녀는 꽃보다 더 아름다워.

be동사(am, are, is) + 형용사(빨강)

1 나는 Tom보다 더 정직해.

🎤 I am more honest than Tom.

2 너는 나보다 더 인기가 많아.

🎤

3 그녀는 나보다 더 자신감이 있어.

🎤

4 이것이 저것보다 더 비싸.

🎤

5 영어가 수학보다 더 어려워.

🎤

6 그는 나보다 더 참을성 있어.

🎤

7 그녀는 꽃보다 더 아름다워.

🎤

≪정답은 앞 페이지에서 확인하세요.

강조하여 비교하기

주어	+	be동사	+	much [머취]	+	비교급 형용사	+	(than ~) [댄(th) ~]

주어는 (~보다) 훨씬 형용사해.

비교급 강조

비교급 형용사(better, worse, 형용사+er, more 형용사)를 **강조**할 때는
비교급 형용사 앞에 **much**를 쓰는 것이 가장 일반적입니다.
be동사는 **주어**와 **시제**에 맞게 써야 합니다.

예 ① be동사 현재형
   I + am   You/We/They + are   He/She/It + is
② be동사 과거형
   I/He/She/It + was   You/We/They + were

much+비교급 형용사 문장 살펴보기

A is much better.	A가 훨씬 더 좋아.
A is much worse.	A가 훨씬 더 안 좋아. A가 훨씬 더 별로야.
A is much cheaper.	A가 훨씬 더 싸.
A is much more expensive.	A가 훨씬 더 비싸.

비교급 형용사부터 익혀 보세요.

🎧 MP3 32-1

| 비교급 형용사 | 1번 말하고 한 칸 체크 ☑☐☐☐☐ |

better
[베럴(l/r)]

더 좋은,
더 나은

worse
[월(r)-쓰]

더 나쁜,
더 안 좋은

younger
[영걸(r)]

더 어린,
더 젊은

cheaper
[취-펄(r)]

(가격이) 더 싼,
더 저렴한

more expensive
[모얼(r) 익쓰펜씨브(v)]

(가격이) 더 비싼

more difficult
[모얼(r) 디퓌컬트]

더 어려운

more beautiful
[모얼(r) 뷰-리풀(f)]

더 아름다운

주어 + be동사 + much + 비교급 형용사.

It is much better.
[잍 E즈(z) 머취 베럴(l/r)]

(그것이) 훨씬 더 나아.

It was much worse.
[잍 워즈(z) 머취 월(r)-쓰]

그것은 훨씬 별로였어.

They are much younger than me.
[데(th)이 알 머취 영걸(r) 댄(t) 미]

그들은 나보다 훨씬 더 어려.

It is much cheaper than this.
[잍 E즈(z) 머취 취-펄(r) 댄(t) 디(th)쓰]

그것은 이것보다 훨씬 싸.

These are much more expensive than those.
[디(th)즈(z) 알(r) 머취 모얼(r) 익쓰펜씨브(v) 댄(th) 도(th)(우즈)]

이것들이 저것들보다 훨씬 더 비싸.

Math is much more difficult than English.
[매뜨(th) E즈(z) 머취 모얼(r) 디퓌컬트 댄(th) 잉글리쉬]

수학이 영어보다 훨씬 더 어려워.

She is much more beautiful than me.
[쉬 E즈(z) 머취 모얼(r) 뷰-리풀(f) 댄(th) 미]

그녀는 나보다 훨씬 더 아름다워.

be동사(am, are, is) + much 형용사(빨강)

1 (그것이) 훨씬 더 나아.

🎤 **It is much better.**

2 그것은 훨씬 별로였어.

🎤

3 그들은 나보다 훨씬 더 어려.

🎤

4 그것은 이것보다 훨씬 싸.

🎤

5 이것들이 저것들보다 훨씬 더 비싸.

🎤

6 수학이 영어보다 훨씬 더 어려워.

🎤

7 그녀는 나보다 훨씬 더 아름다워.

🎤

《 정답은 앞 페이지에서 확인하세요.

Nothing을 이용한 비교급 패턴

Nothing is better than ~
[나띵(th) E즈(z) 베럴(l/r) 댄(th) ~]

~보다 더 좋은 것은 없어.

Nothing is worse than ~
[나띵(th) E즈(z) 월(r)-쓰 댄(th) ~]

~보다 더 나쁜 것은 없어.

Nothing is + 비교급 형용사 + **than ~**
[나띵(th) E즈(z)]   [댄(th) ~]

~보다 더 형용사한 것은 없어.

nothing 비교급 패턴

nothing은 **하나도 없는 것** 또는 **어떤 것도 아닌 것**과 같은 뜻을 가진 명사로 단어 자체에 부정의 의미를 담고 있습니다.
nothing이라는 단어를 활용한 위의 **비교급 패턴**은 **통째로 암기**하여 활용하는 것이 좋습니다.

비교급 형용사 자리에 말하고자하는 **의미에 맞게 better**, **worse**, **형용사+er**, **more 형용사** 등을 적절하게 써서 응용할 수 있습니다.

비교급 형용사의 3가지 형태

① 불규칙	better, worse 등
② 형용사+er	younger, cheaper, easier 등
③ more 형용사	more important, more beautiful 등

비교급 형용사	1번 말하고 한 칸 체크 ☑☐☐☐☐

	better [베럴(l/r)]	더 좋은, 더 나은
	worse [월(r)-쓰]	더 나쁜, 더 안 좋은
	stronger [스트롱(r)-걸(r)]	더 강한
	easier [E-지(z)얼(r)]	더 쉬운
	more useful [모얼(r) 유-쓰플(f)]	더 유용한
	more valuable [모얼(r) 붸류어블]	더 소중한, 더 가치 있는
	more important [모얼(r) 임폴(r)-은트][모얼(r) 임폴(r)-턴트]	더 중요한

Nothing is + 비교급 형용사.

Nothing is better than this.
[나띵(th) 에즈(z) 베럴(l/r) 댄(th) 디(th)쓰]

이것보다 더 좋은 것은 없어.

Nothing is worse than drinking and driving.
[나띵(th) 에즈(z) 월(r)-쓰 댄(th) 드링킹 앤(드) 드롸이빙]

음주운전보다 더 나쁜 것은 없어.

Nothing is stronger than a mother's love.
[나띵(th) 에즈(z) 스트롱(r)-걸(r) 댄(th) 어 머-덜(r)즈 러브(v)]

어머니의 사랑보다 더 강한 것은 없어.

Nothing is easier than this.
[나띵(th) 에즈(z) 이-지(z)얼(r) 댄(th) 디(th)쓰]

이것보다 더 쉬운 것은 없어.

Nothing is more useful than this.
[나띵(th) 에즈(z) 모얼(r) 유-쓰플(f) 댄(th) 디(th)쓰]

이것보다 더 유용한 것은 없어.

Nothing is more valuable than family.
[나띵(th) 에즈(z) 모얼(r) 뷀류어블 댄(th) 풰믈리]

가족보다 더 소중한 것은 없어.

Nothing is more important than health.
[나띵(th) 에즈(z) 모얼(r) 임폴(r)-은트 댄(th) 헬뜨(th)]

건강보다 더 중요한 것은 없어.

비교급 형용사(빨강)

159

다음 문장을 영어로 말해 보세요.   바로 나오지 않으면 Step2를 복습하세요.

1 이것보다 더 좋은 것은 없어.

 Nothing is better than this.

2 음주운전보다 더 나쁜 것은 없어.

3 어머니의 사랑보다 더 강한 것은 없어.

4 이것보다 더 쉬운 것은 없어.

5 이것보다 더 유용한 것은 없어.

6 가족보다 더 소중한 것은 없어.

7 건강보다 더 중요한 것은 없어.

《 정답은 앞 페이지에서 확인하세요.

less 형용사를 이용한 비교급 패턴

It is less + 형용사.
[잍 E즈(z) 레쓰 ~]

그것은 덜 형용사해.

less+형용사 패턴

형용사 앞에 less를 써서 'less 형용사'라고 말하면, **덜 형용사한**이라는 뜻이 됩니다.
less 형용사의 경우, It뿐만 아니라 다른 주어와도 함께 쓰일 수 있지만 가장 많이
쓰이는 **It is less 형용사.** 패턴으로 알아두면 더욱 쉽게 활용하실 수 있습니다.

예 ① simple   간단한, 단순한 (형용사)
   less simple   덜 간단한, 덜 단순한 (형용사)

   ② is + simple   →   간단하다, 단순하다
   is + less simple   →   덜 간단하다, 덜 단순하다

   ③ It's simple.   그것은 간단해. 그것은 단순해.
   It's less simple.   그것은 덜 간단해. 그것은 덜 단순해.

해석을 주의해야 하는 It

It는 **그것**으로 주로 해석되지만, 특정한 것을 지칭하지 않는 경우에는
해석을 하지 않는 경우도 있습니다. 특히 날씨, 시간, 요일, 날짜 등과 같은 것을
나타낼 때는 it을 그것으로 해석하지 않습니다.

예 It's less cold than yesterday.   어제보다 덜 추워.

형용사	1번 말하고 한 칸 체크 ☑☐☐☐☐

important
[임폴(r)-은트][임폴(r)-턴트]

중요한

dangerous
[데인져뤄쓰]

위험한

expensive
[익쓰펜씨브(v)]

(가격이) 비싼

spicy
[스파이씨]

매운

common
[커먼][커믄]

흔한

convenient
[컨뷔-니언트]

편리한

crowded
[크롸우디드]

붐비는

It's less + 형용사.

It's less important.
[잍츠 레쓰 임폴(r)-은트]

그것은 덜 중요해.

It's less dangerous.
[잍츠 레쓰 데인져뤄쓰]

그것은 덜 위험해.

It's less expensive.
[잍츠 레쓰 익쓰펜씨브(v)]

그것은 덜 비싸.

It's less spicy.
[잍츠 레쓰 스파이씨]

그것은 덜 매워.

It's less common.
[잍츠 레쓰 커먼]

그것은 덜 흔해.

It's less convenient.
[잍츠 레쓰 컨뷔-니언트]

그것은 덜 편리해.

It's less crowded.
[잍츠 레쓰 크롸우디드]

덜 붐벼.

less 형용사(빨강)

다음 문장을 영어로 말해 보세요. 바로 나오지 않으면 Step2를 복습하세요.

1 그것은 덜 중요해.

🎤 **It's less important.**

2 그것은 덜 위험해.

🎤

3 그것은 덜 비싸.

🎤

4 그것은 덜 매워.

🎤

5 그것은 덜 흔해.

🎤

6 그것은 덜 편리해.

🎤

7 덜 붐벼.

🎤

《정답은 앞 페이지에서 확인하세요.

조동사를 이용한 비교급 패턴

> 주어 + 조동사 + be + 비교급 형용사.

조동사를 활용한 비교급 형용사 문장 (Chapter 3 참고)

조동사를 활용한 문장에서도 비교급 형용사를 활용할 수 있습니다.
조동사 뒤에 쓰는 **be동사**의 경우 반드시 **동사원형**인 **be**를 써야 합니다.
그리고 각각의 조동사가 가진 의미에 따라 문장의 뜻이 달라집니다.

대표적인 패턴

주어 + will be + 비교급 형용사.	주어는 더 ~할 것이다.
주어 + must be + 비교급 형용사.	주어는 더 ~함에 틀림없다.
주어 + can't be + 비교급 형용사.	주어는 더 ~할 수는 없다.
주어 + might be + 비교급 형용사.	주어는 더 ~할지도 모른다.
주어 + should be + 비교급 형용사.	주어는 더 ~해야 한다. 주어는 더 ~하는 게 좋다.
I/You/We/They have to be 비교급 형용사. He/She/It has to be 비교급 형용사.	주어는 (반드시) 더 ~해야 한다.

비교급 형용사부터 익혀 보세요.

비교급 형용사	1번 말하고 한 칸 체크 ☑☐☐☐☐

better
[베럴(l/r)]

더 좋은,
더 나은

worse
[월(r)-쓰]

더 나쁜,
더 안 좋은

happier
[해피얼(r)][해삐얼(r)]

더 행복한

more excited
[모얼(r) 익싸이리드]

더 신난

more careful
[모얼(r) 케얼(r)플(f)]

더 조심하는,
더 주의하는

braver
[브뤠이뷜(r)]

더 용기 있는

more responsible
[모얼(r) 뤼쓰펀써블]

더 책임감 있는

MP3 35-2

주어 + 조동사 + be + 비교급 형용사.

The future will be better.
[더(th) 퓨(f)-철(r) 윌 비 베럴(l/r)]

미래는 더 나을 거야.

It must be worse.
[잍 머스트 비 월(r)-쓰]

그것은 더 별로임에 틀림없어.

I can't be happier.
[아이 캔(트) 비 해피얼(r)]

나는 더 행복할 수는 없어.

He might be more excited.
[히 마잍 비 모얼(r) 익싸이리드]

그가 더 신났을지도 몰라.

You should be more careful.
[유 슈(드) 비 모얼(r) 케얼(r)플(f)]

① 너는 더 주의해야 해.
② 너는 더 조심해야 해.

You have to be braver.
[유 해브(v) 투 비 브뤠이뷜(r)]

너는 더 용기를 가져야 해.

She has to be more responsible.
[쉬 해즈(z) 투 비 모얼(r) 뤼쓰펀써블]

그녀는 더 책임감이 있어야 해.

조동사 + be + 형용사(빨강)

167

다음 문장을 영어로 말해 보세요. 바로 나오지 않으면 Step2를 복습하세요.

1 미래는 더 나을 거야.

🎤 **The future will be better.**

2 그것은 더 별로임에 틀림없어.

🎤

3 나는 더 행복할 수는 없어.

🎤

4 그가 더 신났을지도 몰라.

🎤

5 ① 너는 더 주의해야 해.   ② 너는 더 조심해야 해.

🎤

6 너는 더 용기를 가져야 해.

🎤

7 그녀는 더 책임감이 있어야 해.

🎤

≪정답은 앞 페이지에서 확인하세요.

비교급 형용사 + 명사

형용사   +   명사

형용사한 명사

비교급 형용사 활용

형용사와 명사를 함께 써서 **형용사+명사**의 형태를 만들면 **형용사한 명사**라는 뜻을 가진 하나의 명사 덩어리가 됩니다.

비교를 할 때 쓰이는 비교급 형용사도 이와 같은 형태로 쓸 수 있습니다.

문장 비교하기

① **명사**

　　예 **a car**　　　　　　자동차 (명사)

　　　I have a car.　　　나는 차를 가지고 있어.

② **형용사 + 명사**

　　예 **big**　　　　　　　큰 (형용사)

　　　a big car　　　　　큰 차 (명사 덩어리)

　　　I have a big car.　나는 큰 차를 가지고 있어.

③ **비교급 형용사 + 명사**

　　예 **bigger**　　　　　　더 큰 (비교급 형용사)

　　　a bigger car　　　　더 큰 차 (명사 덩어리)

　　　I have a bigger car.　나는 더 큰 차를 가지고 있어.

　（★ **big**과 같이 **모음+자음**으로 끝나는 일부 단어의 경우,
　　bigger과 같이 **자음을 하나 더 쓰고 er**을 붙이기도 합니다.）

비교급 형용사부터 익혀 보세요.

🎧 MP3 36-1

| 비교급 형용사 | 1번 말하고 한 칸 체크 ☑☐☐☐☐ |

better
[베럴(l/r)]

더 좋은,
더 나은

younger
[영걸(r)]

더 어린,
더 젊은

older
[오울덜(r)][올-덜(r)]

더 나이가 많은

bigger
[비걸(r)]

더 큰

faster
[풰스털(r)]

더 빠른

more comfortable
[모얼(r) 컴플(f/r)터블]

더 편안한

more stable
[모얼(r) 스테이블]

더 안정적인

이제 문장으로 말해 볼까요?

주어 + 동사 + 비교급 형용사 + 명사.

I have a better idea.
[아이 해브(v) 어 베럴(l/r) 아이디-어]

나는 더 좋은 아이디어가 있어. (의역)

I have a younger brother.
[아이 해브(v) 어 영걸(r) 브뤄덜(r)]

나는 남동생이 있어. (의역)

He has an older sister.
[히 해즈(z) 언 오울덜(r) 씨스털(r)]

그는 누나가 있어. (의역)

We need a bigger house.
[위 니-드 어 비걸(r) 하우쓰]

우리는 더 큰 집이 필요해.

I need a faster computer.
[아이 니-드 어 풰스털(r) 컴퓨-럴(l/r)]

나는 더 빠른 컴퓨터가 필요해.

I want a more comfortable chair.
[아이 원(트) 어 모얼(r) 컴플(f/r)터블 체얼(r)]

나는 더 편한 의자를 원해.

She wants a more stable job.
[쉬 원츠 어 모얼(r) 스테이블 좝]

그녀는 더 안정적인 직장을 원해.

형용사 + 명사(빨강)

171

1 나는 더 좋은 아이디어가 있어. (의역)

🎙 **I have a better idea.**

2 나는 남동생이 있어. (의역)

🎙

3 그는 누나가 있어. (의역)

🎙

4 우리는 더 큰 집이 필요해.

🎙

5 나는 더 빠른 컴퓨터가 필요해.

🎙

6 나는 더 편한 의자를 원해.

🎙

7 그녀는 더 안정적인 직장을 원해.

🎙

≪ 정답은 앞 페이지에서 확인하세요.

비슷하다고 말하기 (as 형용사 as)

명사(A) is as + 형용사 + as 명사(B).

[~ 이즈(z) 애즈(z) ~ 애즈(z) ~]

A는 B만큼 형용사해.

as 형용사 as 표현

as 형용사 as는 ~만큼 형용사한이라는 뜻입니다. 비교 대상이 서로 **비슷한 정도로 형용사하다고 말할 때**는 비교급 형용사를 쓰지 않고 **as 형용사 as**라는 표현을 씁니다. 이 때 쓰이는 형용사는 비교급 형용사가 아닌 **형용사의 기본형**을 써야 합니다.

예 Kate is as taller as Tom. (틀린 문장)

Kate is as <u>tall</u> as Tom. (맞는 문장)

Kate는 Tom만큼 키가 커. (직역) / Kate와 Tom은 키가 비슷해. (의역)

as 형용사 as 표현의 주의점

① 주어에 따라 **is** 대신 **am** 또는 **are**을 쓰기도 합니다.

예 I + am   You/We/They + are   He/She/It + is

I am as smart as Tom.   나는 Tom만큼 똑똑해.

They are as smart as me.   그들은 나만큼 똑똑해.

Kate is as smart as me.   Kate는 나만큼 똑똑해.

② 각각의 **as**를 따로 보지 않고 **as 형용사 as**를 ~만큼 형용사한이라는 뜻의 하나의 덩어리로 알아두는 것이 중요합니다.

형용사	1번 말하고 한 칸 체크 ☑☐☐☐☐

fast
[풰스트]
빠른

expensive
[익쓰펜씨브(v)]
(가격이) 비싼

sweet
[스위-트][스윝-]
달콤한

difficult
[디퓌컬트]
어려운

beautiful
[뷰-티풀(f)][뷰-리풀(f)]
아름다운

stubborn
[스터번(r/n)]
고집이 센

tall
[톨-][털-]
키가 큰

creative
[크뤼에이리브(v)][크뤼에이티브(v)]
창의적인,
창의력 있는

명사(A) + be동사 + as 형용사 as 명사(B).

It is as fast as an airplane.
[잍 T즈(z) 애즈(z) 풰스트 애즈(z) 언 에얼(r)플레인]

그것은 비행기만큼 빨라.

It is as expensive as a car.
[잍 T즈(z) 애즈(z) 익쓰펜씨브(v) 애즈(z) 어 칼(r)-]

그것은 자동차만큼 비싸.

It is as sweet as honey.
[잍 T즈(z) 애즈(z) 스윝- 애즈(z) 허니]

그것은 꿀만큼 달콤해.

It is as difficult as English.
[잍 T즈(z) 애즈(z) 디퓌컬트 애즈(z) 잉글리쉬]

그것은 영어만큼 어려워.

She is as beautiful as her mother.
[쉬 T즈(z) 애즈(z) 뷰-리풀(f) 애즈(z) 헐(r) 머-덜(th/r)]

그녀는 그녀의 어머니만큼 아름다워.

He is as stubborn as his father.
[히 T즈(z) 애즈(z) 스터번(r/n) 애즈(z) 히즈(z) 퐈-덜(r)]

그는 그의 아버지만큼 고집이 세.

I am as tall as my brother.
[아이 앰 애즈(z) 톨- 애즈(z) 마이 브뤄덜(r)]

나는 나의 남자형제(형, 오빠, 남동생)만큼 키가 커.

They are as creative as their boss.
[데(th)이 알(r) 애즈(z) 크뤼에이리브(v) 애즈(z) 데(th)얼(r) 보쓰]

그들은 (그들의) 상사만큼 창의적이야.

as 형용사 as(빨강)

다음 문장을 영어로 말해 보세요. 바로 나오지 않으면 Step2를 복습하세요.

1 그것은 비행기만큼 빨라.

 It is as fast as an airplane.

2 그것은 자동차만큼 비싸.

3 그것은 꿀만큼 달콤해.

4 그것은 영어만큼 어려워.

5 그녀는 그녀의 어머니만큼 아름다워.

6 그는 그의 아버지만큼 고집이 세.

7 나는 나의 남자형제(형, 오빠, 남동생)만큼 키가 커.

8 그들은 (그들의) 상사만큼 창의적이야.

≪정답은 앞 페이지에서 확인하세요.

가장 ~하다고 말하기 (the best & the worst)

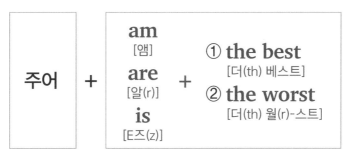

① 주어가 가장 좋아. / 주어가 최고야.
② 주어가 가장 나빠. / 주어가 가장 별로야. / 주어가 최악이야.

① 주어는 최고의 명사야.
② 주어가 최악의 명사야.

최상급 형용사 만들기-첫 번째 방법

~한 또는 ~ㄴ이라는 뜻의 형용사를 **가장 ~한** 또는 **가장 ~ㄴ**이라는 뜻의
최상급 형용사로 바꾸는 방법은 크게 3가지로 나누어집니다.
첫 번째는 **the best**, **the worst**와 같은 불규칙적인 형태를 가지는 경우가 있습니다.

good이 형용사로 쓰이면 **좋은**이라는 뜻입니다.
(the) best가 형용사로 쓰이면 **가장 좋은** 또는 **최고의**라는 뜻입니다.
bad가 형용사로 쓰이면 **나쁜** 또는 **안 좋은**이라는 뜻입니다.
(the) worst가 형용사로 쓰이면 **가장 나쁜, 가장 안 좋은** 또는 **최악의**라는 뜻입니다.
(the) best와 **(the) worst**는 불규칙적인 변화형을 가지기 때문에 그냥 외우는 것이
좋습니다. **best**와 **worst** 앞에는 **the**를 주로 쓰며, **the** 대신 **my**, **your**, **his**, **her**,
our, **their** 등을 쓰기도 합니다.

단어부터 익혀 보세요.

🎧 MP3 38-1

| 단어 | 1번 말하고 한 칸 체크 ☑☐☐☐☐ |

good
[귿]

좋은

better
[베럴(l/r)]

더 좋은, 더 나은

the best
[더(th) 베스트]

가장 좋은, 최고의

bad
[배드]

나쁜, 안 좋은

worse
[월(r)-쓰]

더 나쁜, 더 안 좋은

the worst
[더(th) 월(r)-스트]

가장 나쁜, 최악의

주어 + be동사 + the best (+명사). / 주어 + be동사 + the worst (+명사).

You are the best!
[유 알(r) 더(th) 베스트]

네가 최고야!

It is the worst!
[잍 트즈(z) 더(th) 월(r)-스트]

그것은 최악이야!

I am the best cook.
[아이 앰 더(th) 베스트 쿡-]

나는 최고의 요리사야.

She is the best singer.
[쉬 트즈(z) 더(th) 베스트 씽얼(r)]

그녀는 최고의 가수야.

He is the worst actor.
[히 트즈(z) 더(th) 월(r)-스트 액털(r)]

그는 최악의 배우야.

It was the worst movie.
[잍 워즈(z) 더(th) 월(r)-스트 무-뷔]

그것은 최악의 영화였어.

(was는 am, is의 과거형입니다)

It was the worst day of my life.
[잍 워즈(z) 더(th) 월(r)-스트 데이 어브(v) 마이 라이프(f)]

내 인생의 최악의 날이었어.

(was는 am, is의 과거형입니다)

It was the best day of my life.
[잍 워즈(z) 더(th) 베스트 데이 어브(v) 마이 라이프(f)]

내 인생의 최고의 날이었어.

(was는 am, is의 과거형입니다)

형용사(빨강), 형용사 + 명사(초록), 전치사 + 명사(파랑)

179

다음 문장을 영어로 말해 보세요. 바로 나오지 않으면 Step2를 복습하세요.

1 네가 최고야!

🎤 **You are the best!**

2 그것은 최악이야!

🎤

3 나는 최고의 요리사야.

🎤

4 그녀는 최고의 가수야.

🎤

5 그는 최악의 배우야.

🎤

6 그것은 최악의 영화였어.

🎤

7 내 인생의 최악의 날이었어.

🎤

8 내 인생의 최고의 날이었어.

🎤

≪ 정답은 앞 페이지에서 확인하세요.

가장 ~하다고 말하기 (the -est)

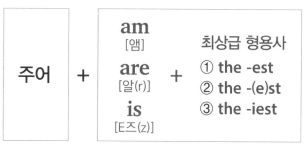

주어 + am [앰] / are [알(r)] / is [E즈(z)] + 최상급 형용사
① the -est
② the -(e)st
③ the -iest

주어가 가장 형용사해.

주어 + am [앰] / are [알(r)] / is [E즈(z)] + 최상급 형용사
① the -est
② the -(e)st
③ the -iest + 명사

주어는 가장 형용한 명사야.

최상급 형용사 만들기- 두 번째 방법

~**한** 또는 ~ㄴ이라는 뜻의 형용사를 **가장 ~한** 또는 **가장 ~ㄴ**이라는 뜻의
최상급 형용사로 바꾸는 방법은 크게 3가지로 나누어집니다.
두 번째 방법은 **일반적으로 짧은 형용사**의 경우,

① **형용사 뒤에 est**을 붙여주거나
② 형용사가 **e로 끝나는 경우** e뒤에 st을 붙여주거나
③ **y로 끝나는 형용사**의 경우, y를 i로 바꾸고 i 뒤에 est을 붙여 iest로 끝나는
   형용사를 만드는 경우가 있습니다.
최상급 형용사 앞에는 **the**를 주로 쓰며, **the** 대신 **my**, **your**, **his**, **her**, **our**, **their** 등을
쓰기도 합니다.

최상급 형용사 만들기 예외

모음+자음으로 **끝나는 일부 단어의 경우, 자음을 하나 더 쓰고 est**를 붙이기도 합니다.
예 big → (the) biggest   hot → (the) hottest
   thin → (the) thinnest   sad → (the) saddest

최상급 형용사부터 익혀 보세요.

🎧 MP3 39-1

| 최상급 형용사 | 1번 말하고 한 칸 체크 ☑☐☐☐☐ |

the youngest
[더(th) 영기-스트]

가장 어린,
가장 젊은

the oldest
[디(th) 오울디스트]

가장 나이가 많은

the tallest
[더(th) 톨-리스트]

가장 키가 큰

the shortest
[더(th) 숄(r)-티스트]

가장 키가 작은

the richest
[더(th) 뤼취스트]

가장 부유한

the nicest
[더(th) 나이씨스트]

가장 착한,
가장 좋은

the happiest
[더(th) 해피(이)스트]

가장 행복한

MP3 39-2

주어 + be동사 + the 최상급 형용사(-est) (+명사).

Kate is the youngest among us.
[케이트 이즈(z) 더(th) 영기-스트 어멍 어쓰]

Kate는 우리들 중에서 가장 어려.

Tom is the oldest among us.
[탐 이즈(z) 디(th) 오울디스트 어멍 어쓰]

Tom은 우리들 중에서 가장 나이가 많아.

I am the tallest person in my class.
[아이 앰 더(th) 톨-리스트 펄(r)-쓴 인 마이 클래쓰]

나는 우리 반에서 가장 키가 큰 사람이야.

I am the shortest person in my family.
[아이 앰 더(th) 숄(r)-티스트 펄(r)-쓴 인 마이 풰믈리]

나는 (나의) 가족 중에서 가장 키가 작은 사람이야.

He is the richest person in the world.
[히 이즈(z) 더(th) 뤼취스트 펄(r)-쓴 인 더(th) 월(r)-드]

그는 세계에서 가장 부유한 사람이야.

She is the nicest person.
[쉬 이즈(z) 더(th) 나이씨스트 펄(r)-쓴]

그녀는 가장 착한 사람이야.

It was the happiest moment of my life.
[잍 워즈(z) 더(th) 해피(이)스트 모(으)먼트 어브(v) 마이 라이프(f)]

(그 때가) 내 인생에서 가장 행복한 순간이었어.

형용사(빨강), 형용사 + 명사(초록), 전치사 + 명사(파랑)

1 Kate는 우리들 중에서 가장 어려.

 Kate is the youngest among us.

2 Tom은 우리들 중에서 가장 나이가 많아.

3 나는 우리 반에서 가장 키가 큰 사람이야.

4 나는 (나의) 가족 중에서 가장 키가 작은 사람이야.

5 그는 세계에서 가장 부유한 사람이야.

6 그녀는 가장 착한 사람이야.

7 (그 때가) 내 인생에서 가장 행복한 순간이었어.

《 정답은 앞 페이지에서 확인하세요.

184

가장 ~하다고 말하기 (the most~)

주어 + am [앰] / are [알(r)] / is [E즈(z)] + the most 형용사 [더(th) 모(우)스트 ~]

주어가 가장 형용사해.

주어 + am [앰] / are [알(r)] / is [E즈(z)] + the most 형용사 + 명사 [더(th) 모(우)스트 ~]

주어는 가장 형용한 명사야.

최상급 형용사 만들기- 세 번째 방법

~한 또는 ~ㄴ이라는 뜻의 형용사를 **가장 ~한** 또는 **가장 ~ㄴ**이라는 뜻의
최상급 형용사로 바꾸는 방법은 크게 3가지로 나누어집니다.
세 번째 방법으로 **긴 형용사**의 경우에는 일반적으로 **형용사 앞**에 **the most**를 써서
the most 형용사의 형태로 씁니다.

최상급 형용사 표현 틀리지 않는 법

① **(the) most** 다음에 오는 **형용사에는 est를 붙이지 않습니다.**

예 She is the most beautifulest woman. (틀린 문장)
   → She is **the most beautiful** woman. (맞는 문장)
      그녀는 가장 아름다운 여자야.

② the best 또는 the worst를 쓸 때 **the most best, the most worst라고
   쓰지 않도록 주의**해야 합니다.

예 It's the most best. (틀린 문장)   → It's **the best**. (맞는 문장)
                                      그것이 최고야.

   It's the most worst. (틀린 문장) → It's **the worst**. (맞는 문장)
                                      그것이 최악이야.

최상급 형용사	1번 말하고 한 칸 체크 ☑☐☐☐☐

the most romantic
[더(th) 모(으)스트 로(r)(우)맨틱]

가장 로맨틱한

the most important
[더(th) 모(으)스트 임폴(r)-은트]

가장 중요한

the most successful
[더(th) 모(으)스트 썩쎄쓰플(f)]

가장 성공한,
가장 성공적인

the most reliable
[더(th) 모(으)스트 륄라이어블]

가장 믿을 수 있는,
가장 신뢰할 만한

the most beautiful
[더(th) 모(으)스트 뷰-리풀(f)]

가장 아름다운

the most touching
[더(th) 모(으)스트 터칭]

가장 감동적인

the most exciting
[더(th) 모(으)스트 익싸이링][익싸이팅]

가장 흥미진진한

주어 + be동사 + the 최상급 형용사(most -) + 명사.

I am the most romantic person.
[아임 앰 더(th) 모(으)스트 로(r)(우)맨틱 펄(r)-쓴]

나는 가장 로맨틱한 사람이야.

You are the most important person in my life.
[유 알(r) 더(th) 모(으)스트 임폴(r)-은트 펄(r)-쓴 인 마이 라이프(f)]

너는 내 삶에 가장 중요한 사람이야.

They are the most successful people.
[데(th)이 알(r) 더(th) 모(으)스트 썩쎄쓰플(f) 피-플]

그들은 가장 성공한 사람들이야.

He is the most reliable person.
[히 E즈(z) 더(th) 모(으)스트 륄라이어블 펄(r)-쓴]

그는 가장 믿음직한 사람이야.

She is the most beautiful woman.
[쉬 E즈(z) 더(th) 모(으)스트 뷰-리풀(f) 워먼]

그녀는 가장 아름다운 여자야.

It is the most touching movie.
[잍 E즈(z) 더(th) 모(으)스트 터칭 무-뷔]

그것은 가장 감동적인 영화야.

It was the most exciting game.
[잍 워즈(z) 더(th) 모(으)스트 익싸이링 게임]

그것은 가장 흥미진진한 경기였어.

형용사 + 명사(빨강), 전치사 + 명사(파랑)

다음 문장을 영어로 말해 보세요. 바로 나오지 않으면 Step2를 복습하세요.

1 나는 가장 로맨틱한 사람이야.

 I am the most romantic person.

2 너는 내 삶에 가장 중요한 사람이야.

3 그들은 가장 성공한 사람들이야.

4 그는 가장 믿음직한 사람이야.

5 그녀는 가장 아름다운 여자야.

6 그것은 가장 감동적인 영화야.

7 그것은 가장 흥미진진한 경기였어.

≪정답은 앞 페이지에서 확인하세요.

최고 중 하나라고 말하기

주어 + be동사 + one of the 최상급 형용사 + 복수명사.

① 주어는 가장 형용사한 명사(들) 중 하나야.
② 주어는 가장 형용사한 명사(들) 중 한 명이야.

one of the 최상급 형용사+복수명사

one of 다음에 **복수명사**를 써서 one of 복수명사라고 말하면 **명사들 중 하나** 또는
명사들 중 한 명이라는 뜻입니다. **최상급 형용사**와 **복수명사**를 하나의 덩어리로
만들어 **one of the 최상급 형용사+복수명사**라고 말하면 **가장 형용사한 명사(들) 중
하나** 또는 **가장 형용사한 명사(들) 중 한 명**이라는 뜻입니다.
이 형태로 정말 자주 쓰기 때문에 이를 통째로 알아두시는 것이 좋습니다.

one of를 제대로 활용하는 방법

one of 다음에는 반드시 복수명사를 써야 합니다. one of 다음에 **단수명사**를
쓰는 것은 한국 사람들이 가장 많이 하는 영어 실수 중 하나입니다.

예 **He is one of the best soccer player.** (틀린 문장)
He is one of the best soccer players. (맞는 문장)
그는 최고의 축구 선수(들) 중 한 명이다.
(단수명사는 하나를 가리키는 명사, 복수명사는 여러 개를 가리키는 명사를 말합니다.)

최상급 형용사부터 익혀 보세요.

🎧 MP3 41-1

| 최상급 형용사 | 1번 말하고 한 칸 체크 ☑☐☐☐☐ |

the best
[더(th) 베스트]
가장 좋은, 최고의

the worst
[더(th) 월(r)-스트]
가장 나쁜, 최악의

the safest
[더(th) 쎄이퓌스트]
가장 안전한

the richest
[더(th) 뤼취스트]
가장 부유한

the most beautiful
[더(th) 모(으)스트 뷰-리풀(f)]
가장 아름다운

the most important
[더(th) 모(으)스트 임폴(r)-은트]
가장 중요한

> 주어 + be동사 + one of the 최상급 형용사 + 복수명사.

He is one of the best English teachers.
[히 E즈(z) 원 어브(v) 더(th) 베스트 잉글리쉬 티-철(r)쓰]

그는 최고의 영어 강사 중 한 명이야.

This is one of the best restaurants in Gangnam.
[디(th)쓰 E즈(z) 원 어브(v) 더(th) 베스트 뤠스터뢴츠 인 강남]

이곳은 강남에서 최고의 식당 중 하나야.

It was one of the worst wars in history.
[잍 워즈(z) 원 어브(v) 더(th) 월(r)-스트 월(r)-쓰 인 히스트뤼]

그것은 역사상 최악의 전쟁 중 하나였어.

South Korea is one of the safest countries in the world.
[싸우뜨(th) 코뤼-아 E즈(z) 원 어브(v) 더(th) 쎄이퓌스트 컨츠뤼쓰 인 더(th) 월(r)-드]

한국은 세계에서 가장 안전한 나라 중 하나야.

South Korea is one of the richest countries in the world.
[싸우뜨(th) 코뤼-아 E즈(z) 원 어브(v) 더(th) 뤼취스트 컨츠뤼쓰 인 더(th) 월(r)-드]

한국은 세계에서 가장 부유한 나라 중 하나야.

Jeju is one of the most beautiful places in South Korea.
[제주 E즈(z) 원 어브(v) 더(th) 모(으)스트 뷰-리풀(f) 플레이씨스 인 싸우뜨(th) 코뤼-아]

제주도는 한국에서 가장 아름다운 곳 중 하나야.

Money is one of the most important things in life.
[머니 E즈(z) 원 어브(v) 더(th) 모(으)스트 임폴(r)-은트 띵(th)쓰 인 라이프(f)]

돈은 인생에서 가장 중요한 것 중 하나야.

one of 복수 명사(빨강), 전치사 + 명사(파랑)

191

1 그는 최고의 영어 강사 중 한 명이야.

🎤 **He is one of the best English teachers.**

2 이곳은 강남에서 최고의 식당 중 하나야.

🎤

3 그것은 역사상 최악의 전쟁 중 하나였어.

🎤

4 한국은 세계에서 가장 안전한 나라 중 하나야.

🎤

5 한국은 세계에서 가장 부유한 나라 중 하나야.

🎤

6 제주도는 한국에서 가장 아름다운 곳 중 하나야.

🎤

7 돈은 인생에서 가장 중요한 것 중 하나야.

🎤

《 정답은 앞 페이지에서 확인하세요.

부사를 이용한 비교급도 형용사를 이용한 비교급과 마찬가지로 짧은 부사의 경우,
부사 뒤에 er, (e)r, ier을 붙이면 되며, 비교적 긴 부사의 경우 more을 부사 앞에
쓰면 됩니다.

① 부사 + (e)r

① **I'll work hard.**   나는 열심히 일을 할 거야.
   [아일 월(r)-크 할(r)드]

② **I'll work harder.**   나는 더 열심히 일을 할 거야.
   [아일 월(r)-크 할(r)덜(r)]

② 부사 + ier

① **I got up early.**   나는 일찍 일어났어.
   [아이 가럽 얼(r)-리]

② **I got up earlier than usual.**   나는 평소보다 더 일찍 일어났어.
   [아이 가럽 얼(r)-리얼(r) 댄(th) 유-주얼]

③ more + 부사

① **I'll call you often.**   내가 (너에게) 자주 전화할게.
   [아일 콜- 유 어-픈(f)]

② **I'll call you more often.**   내가 (너에게) 더 자주 전화할게.
   [아일 콜- 유 모얼(r) 어-픈(f)]

③ **Please speak slowly.**   천천히 말씀해주세요.
   [플리-즈(z) 스픽- 슬로울리]

④ **Please speak more slowly.**   더 천천히 말씀해주세요.
   [플리-즈(z) 스픽- 모얼(r) 슬로울리]

Chapter

05

입장 바꿔 말하기 (수동태)

'수동태'란?

한국어에서 **때렸다**의 반댓말은 **맞았다**입니다. 이처럼 한국어에서는
특정 동사의 반댓말을 주로 새로운 단어로 표현합니다.
영어에서는 **때렸다**는 말의 반댓말을 **때림을 당했다**라고 표현합니다. 이처럼 영어에서는 반대의 입장을 나타내는 동사표현을 하나의 단어를 활용해서 만듭니다.
이와 같이 **'주어가 ~을 동사하다'**라는 문장을 **'주어가 동사를 당하다'** 라는 문장으로
바꾸는 것을 문법적으로 **수동태**라고 부릅니다. 수동태는 영어의 핵심 문장 구조이기
때문에 반드시 잘 알아두어야 합니다.

수동태 만드는 방법

주어 + be동사 + 과거분사(p.p.).

수동태의 핵심은 시제에 맞춰 동사를 **be동사+과거분사(p.p.)** 형태로 쓰는 것입니다.
Preview의 수동태 패턴에서 **과거분사(p.p.)**를 바꾸어 활용하면 비교적 쉽게 문장을
만들고 이해할 수 있습니다. 수동태와 가장 많이 함께 쓰이는 필수 시제를 활용하여
만든 Preview의 영어 패턴을 가볍게 눈에 익힌 후, Unit 42부터 이어질 상세한 설명과
예문을 학습하세요.

주어 + am/are/is 과거분사(p.p.).
[앰/알(r)/E즈(z) ~]

주어는 (평소, 일반적으로) 과거분사(p.p.)를 당한다.

주어 + was/were 과거분사(p.p.).
[워즈(z)/월(r) ~]

주어는 과거분사(p.p.)를 당했다.

주어 + will be 과거분사(p.p.).
[윌 비 ~]

주어는 과거분사(p.p.)를 당할 것이다.

주어 + am/are/is being 과거분사(p.p.).
[앰/알(r)/E즈(z) 비잉 ~]

주어는 (지금) 과거분사(p.p.)를 당하고 있는 중이다.

주어 + have/has been 과거분사(p.p.).
[해브(v)/해즈(z) 빈 ~]

주어는 과거분사(p.p.)를 당한 적 있다.

능동태	동사원형 / 동사 + s, 동사 + es

일반 동사
현재형

(평소, 일반적으로) ~을 동사한다

↓

수동태	am 과거분사(p.p.) are 과거분사(p.p.) is 과거분사(p.p.)

일반 동사
현재형

(평소, 일반적으로) 과거분사(p.p.)를 당한다

능동태	동사 과거형 (-ed, 불규칙)

일반 동사
과거형

~을 동사했다

↓

수동태	was 과거분사(p.p.) were 과거분사(p.p.)

일반 동사
과거형

과거분사(p.p.)를 당했다

능동태	**will 동사원형**
일반 동사 미래형	

~을 동사할 것이다

↓

수동태	**will be 과거분사(p.p.)**
일반 동사 미래형	

과거분사(p.p.)를 당할 것이다

능동태	**am 동사ing** **are 동사ing** **is 동사ing**
일반 동사 현재 진행형	

(지금) ~을 동사하고 있는 중이다

↓

수동태	**am being 과거분사(p.p.)** **are being 과거분사(p.p.)** **is being 과거분사(p.p.)**
일반 동사 현재 진행형	

(지금) 과거분사(p.p.)를 당하고 있는 중이다

능동태

일반 동사
현재 완료형

↓

수동태

일반 동사
현재 완료형

have 과거분사(p.p.) has 과거분사(p.p.)

~을 동사한 적이 있다

↓

have been 과거분사(p.p.) has been 과거분사(p.p.)

과거분사(p.p.)를 당한 적 있다 (경험)

* been은 be동사의 과거분사(p.p.)형태입니다.

* 현재완료 시제의 경우, 경험에 대해서 말할 때뿐만 아니라
다른 여러 가지 쓰임이 있습니다.
수동태에 대한 이해를 돕기 위해 경험에 한정하여 설명합니다.
(현재완료 시제의 다양한 활용법은 부록01-p229를 참고하세요.)

평소, 일반적으로 당하는 일
(수동태 현재형)

주어 + am/are/is 과거분사(p.p.).
[~ 앰/알(r)/E즈(z) ~]

주어는 (평소, 일반적으로) 과거분사(p.p.)를 당해.
주어는 (평소, 일반적으로) 과거분사(p.p.) 되어진다.

예

Kate helps me.   Kate는 (평소, 일반적으로) 나를 도와.

I am helped by Kate.   나는 Kate에 의해 도움 줌을 당해. (직역)
                          나는 Kate에게 도움을 받아. (의역)

현재형 수동태 만드는 순서

① 능동태의 **목적어**를 수동태의 **주어 자리**에 놓고 그에 맞는 형태로 쓴다.

② 현재형 동사를 **be(am, are, is) 과거분사(p.p.)** 형태로 바꾼다.
   단, 수동태에 들어가는 be동사의 형태는 **수동태 문장의 주어에 맞춰 써야 한다.**
   I + am   You / We / They + are   He / She / It + is

③ 능동태의 주어를 **by 명사** 형태로 바꾸어 문장의 뒤에 위치시킨다.

④ **by 명사**는 필요에 따라 생략할 수 있다. (반드시 생략해야 하는 것은 아님)

* 능동태는 수동태의 반대되는 개념으로 '주어가 동사한다.'라는 의미를 가지는 우리가
  일반적으로 사용하는 문장형태를 말합니다.

be 과거분사(p.p.)	1번 말하고 한 칸 체크 ☑☐☐☐☐

be helped
[비 헲트]

도움 줌을 당하다
→ 도움 받다

be loved
[비 러브(v)드]

사랑함을 당하다
→ 사랑받다

be scolded
[비 스코을디드]

혼냄을 당하다
→ 혼나다

be cleaned
[비 클린-드]

청소를 당하다
→ 청소되다

be spoken
[비 스포(우)큰][비 스쁘(우)끈]

말함을 당하다
→ 말해지다

be held
[비 헬드]

개최를 당하다
→ 개최되다, 열리다

be adopted
[비 어닲티드]

입양함을 당하다
→ 입양되다

주어 + am/is/are 과거분사(p.p.) (by 명사).

I am helped by Kate.
[아이 앰 헲트 바이 케이트]

나는 Kate에게 (평소) 도움을 받아. (Kate에 의해)

I am loved by everyone.
[아이 앰 러브(v)드 바이 에브(v)뤼원]

나는 모든 이에게 사랑받아.

I am scolded every day.
[아이 앰 스코을디드 에브(v)뤼 데이]

나는 매일 혼나.

The office is cleaned every day.
[디(th) 어-퓌쓰 트즈(z) 클린-드 에브(v)뤼 데이]

그 사무실은 매일 청소된다.

English is spoken in many countries.
[잉글리쉬 트즈(z) 스포(우)큰 인 메니 컨츠뤼쓰]

영어는 많은 나라에서 사용된다. (말해진다)

The World Cup is held every four years.
[더(th) 월(r)-드 컾 트즈(z) 헬드 에브(v)뤼 폴(f/r)- 이얼쓰]

월드컵은 4년마다 열려.

Many children are adopted every year.
[메니 췰드뤈 알(r) 어닾티드 에브(v)뤼 이얼]

많은 아이들이 매년 입양된다.

동사표현(빨강), 부사(초록), 전치사 + 명사(파랑)

1 나는 Kate에게 (평소) 도움을 받아. (Kate에 의해)

 I am helped by Kate.

2 나는 모든 이에게 사랑받아.

3 나는 매일 혼나.

4 그 사무실은 매일 청소된다.

5 영어는 많은 나라에서 사용된다. (말해진다)

6 월드컵은 4년마다 열려.

7 많은 아이들이 매년 입양된다.

《 정답은 앞 페이지에서 확인하세요.

과거에 당한 일 (수동태 과거형)

주어 + was/were 과거분사(p.p.).
[~ 워즈(z)/월(r) ~]

주어는 과거분사(p.p.)를 당했(었)어.
주어는 과거분사(p.p.) 되어졌(었)어.

예

Kate helped me.   Kate는 나를 도왔어.

I was helped by Kate.   나는 Kate에 의해 도움 줌을 당했어. (직역)
나는 Kate에게 도움을 받았어. (의역)

과거형 수동태 만드는 순서

① 능동태의 **목적어**를 수동태의 **주어 자리**에 놓고 그에 맞는 형태로 쓴다.

② 과거형 동사를 **be(was,were) 과거분사(p.p.)** 형태로 바꾼다.
단, 수동태에 들어가는 be동사의 형태는 **수동태문장의 주어에 맞춰 써야 한다.**
I/He/She/It + was   You/We/They + were

③ 능동태의 주어를 **by 명사** 형태로 바꾸어 문장의 뒤에 위치시킨다.

④ **by 명사**는 필요에 따라 생략할 수 있다. (반드시 생략해야 하는 것은 아님)

be 과거분사(p.p.)	1번 말하고 한 칸 체크 ☑☐☐☐☐

be helped
[비 헲트]

도움 줌을 당하다
→ 도움 받다

be raised
[비 뤠이즈드]

양육을 당하다
→ 길러지다, 양육되다

be hit
[비 힡]

침을 당하다
→ 치이다

be taken
[비 테이큰][비 테이끈]

데려감을 당하다
→ 실려 가다

be made
[비 메이드]

만듦을 당하다
→ 만들어지다

be built
[비 빌트]

지음을 당하다
→ 지어지다

be killed
[비 킬드]

죽임을 당하다
→ 살해되다

주어 + was/were 과거분사(p.p.) (by 명사).

I was helped by Kate.
[아이 워즈(z) 헬트 바이 케이트]

나는 Kate에게 도움을 받았어. (Kate에 의해)

I was raised by my grandparents.
[아이 워즈(z) 뤠이즈드 바이 마이 그뤤드페어뤈츠]

나는 조부모님에게 길러졌어.

I was hit by a taxi.
[아이 워즈(z) 힡 바이 어 택씨]

나는 택시에 치였어.

I was taken to the hospital.
[아이 워즈(z) 테이큰 투 더(th) 하쓰피를]

나는 병원에 실려 갔어.

It was made in China.
[잍 워즈(z) 메이드 인 챠이나]

그것은 중국에서 만들어졌어.

This building was built 5 years ago.
[디(th)쓰 빌딩 워즈(z) 빌트 파이브(v) 이얼(r)쓰 어고(우)]

이 건물은 5년 전에 지어졌어.

They were killed in Harlem.
[데(th)이 월(r) 킬드 인 할(r)-름]

그들은 할렘(가)에서 살해되었어.

동사표현(빨강), 부사(초록), 전치사 + 명사(파랑)

다음 문장을 영어로 말해 보세요. 바로 나오지 않으면 Step2를 복습하세요.

1 나는 Kate에게 도움을 받았어. (Kate에 의해)

🎤 I was helped by Kate.

2 나는 조부모님에게 길러졌어.

🎤

3 나는 택시에 치였어.

🎤

4 나는 병원에 실려 갔어.

🎤

5 그것은 중국에서 만들어졌어.

🎤

6 이 건물은 5년 전에 지어졌어.

🎤

7 그들은 할렘(가)에서 살해되었어.

🎤

≪ 정답은 앞 페이지에서 확인하세요.

미래에 당할 일 (수동태 미래형)

> ## 주어 + will be 과거분사(p.p.).
> [~ 윌 비 ~]
>
> 주어는 과거분사(p.p.)를 당할 거야.
> 주어는 과거분사(p.p.) 되어질 거야.

예

Kate will help me.　　　　Kate는 나를 도울 거야.

I will be helped by Kate.　　나는 Kate에 의해 도움 줌을 당할 거야. (직역)
　　　　　　　　　　　　　　나는 Kate에게 도움을 받을 거야. (의역)

미래형 수동태 만드는 순서

① 능동태의 **목적어**를 수동태의 **주어 자리**에 놓고 그에 맞는 형태로 쓴다.
② 미래형 동사(will 동사원형)를 **will be 과거분사(p.p.)** 형태로 바꾼다.
　　will 다음에는 반드시 동사원형이 와야 하므로, be동사를 am, are, is가 아닌
　　동사원형인 **be**라고 써야한다.
③ 능동태의 주어를 **by 명사** 형태로 바꾸어 문장의 뒤에 위치시킨다.
④ **by 명사**는 필요에 따라 생략할 수 있다. (반드시 생략해야 하는 것은 아님)

알아둘 것

미래형 수동태의 동사 형태는 will be 과거분사(p.p.) 뿐만 아니라
be(am, are, is) going to be 과거분사(p.p.)형태 또는
진행형인 be being 과거분사(p.p.)로 쓰기도 합니다.
(기초 수준에서 설명하기에는 내용이 복잡해지므로 이 책에서 자세한 설명을 생략합니다.)

be 과거분사(p.p.) 1번 말하고 한 칸 체크 ☑☐☐☐☐

be helped
[비 헲트]

도움 줌을 당하다
→ 도움 받다

be dumped
[비 덤트]

버림을 당하다
→ 버림받다, 차이다

be grounded
[비 그라운디드]

외출 금지를 당하다
→ 외출 금지되다

be fired
[비 퐈이얼(r)드]

해고시킴을 당하다
→ 해고되다

be repaired
[비 뤼페얼(r)드]

수리를 당하다
→ 수리되다

be published
[비 퍼블리쉬트]

출간을 당하다
→ 출간되다, 출판되다

be closed
[비 클로(우)즈드]

닫힘을 당하다
→ 폐쇄되다, 닫히다

주어 + will be 과거분사(p.p.) (by 명사).

I will be helped by Kate.
[아이 윌 비 헲트 바이 케이트]

나는 Kate에게 도움을 받을 거야. (Kate에 의해)

I will be dumped by my girlfriend.
[아이 윌 비 덤트 바이 마이 걸(r)-프(f)뤤드]

나는 나의 여자 친구에게 차일거야.

You will be grounded.
[유 윌 비 그롸운디드]

너는 외출 금지될 거야.

He will be fired soon.
[히 윌 비 퐈이얼(r)드 쑨-]

그는 곧 해고될 거야.

The elevator will be repaired soon.
[디(th) 엘러붸이럴(l/r) 윌 비 뤼페얼(r)드 쑨-]

(그) 엘리베이터는 곧 수리될 거야.

My book will be published next year.
[마이 북- 윌 비 퍼블리쉬트 넥스트 이얼(r)]

내 책은 내년에 출간될 거야.

This road will be closed for a week.
[디(th)쓰 로(r)(우)드 윌 비 클로(우)즈드 폴(f/r) 어 위-크]

이 도로는 일주일 동안 폐쇄될 거야.

동사표현(빨강), 부사(초록), 전치사 + 명사(파랑)

다음 문장을 영어로 말해 보세요. 바로 나오지 않으면 Step2를 복습하세요.

1 나는 Kate에게 도움을 받을 거야. (Kate에 의해)

🎙 **I will be helped by Kate.**

2 나는 나의 여자 친구에게 차일거야.

🎙

3 너는 외출 금지될 거야.

🎙

4 그는 곧 해고될 거야.

🎙

5 (그) 엘리베이터는 곧 수리될 거야.

🎙

6 내 책은 내년에 출간될 거야.

🎙

7 이 도로는 일주일 동안 폐쇄될 거야.

🎙

≪ 정답은 앞 페이지에서 확인하세요.

지금 당하고 있는 일 (수동태 현재진행형)

주어 + am/are/is being 과거분사(p.p.).
[~ 앰/알(r)/E즈(z) 비잉 ~]

주어는 (지금) 과거분사(p.p.)를 당하고 있어.
주어는 과거분사(p.p.)를 당하고 있는 중이야.

주어는 (지금) 과거분사(p.p.) 되고 있어.
주어는 과거분사(p.p.) 되고 있는 중이야.

예

Kate is helping me.   Kate는 나를 돕고 있는 중이야.

I am being helped by Kate.

나는 Kate에 의해 (지금) 도움 줌을 당하고 있는 중이야. (직역)
나는 Kate에게 (지금) 도움을 받고 있어. (의역)

현재진행형 수동태 만드는 순서

① 능동태의 **목적어**를 수동태의 **주어 자리**에 놓고 그에 맞는 형태로 쓴다.
② 현재진행형 동사(be+동사ing)를 **be(am, are, is) being 과거분사(p.p.)** 형태로 바꾼다.
③ 능동태의 주어를 **by 명사** 형태로 바꾸어 문장의 뒤에 위치시킨다.
④ **by 명사**는 필요에 따라 생략할 수 있다. (반드시 생략해야 하는 것은 아님)

| be 과거분사(p.p.) | 1번 말하고 한 칸 체크 ☑☐☐☐☐ |

be helped
[비 헬트]
도움 줌을 당하다
→ 도움 받다

be used
[비 유-즈(z)드]
사용함을 당하다
→ 사용되다

be painted
[비 페인티드]
페인트칠을 당하다
→ 페인트칠 되다

be washed
[비 워-쉬트]
물청소를 당하다
→ 세차되다

be fixed
[비 퓍쓰트]
수리를 당하다
→ 수리되다

be punished
[비 퍼니쉬트]
벌줌을 당하다
→ 벌을 받다

be watered
[비 워-럴(l/r)드]
물 줌을 당하다
→ 물이 뿌려지다

주어 + be being 과거분사(p.p.) (by 명사).

I am being helped by Kate.
[아이 앰 비잉 헬프트 바이 케이트]

나는 Kate에게 (지금) 도움을 받고 있어. (Kate에 의해)

The computer is being used.
[더(th) 컴퓨-럴(r) 에즈(z) 비잉 유-즈(z)드]

그 컴퓨터는 사용 중이야. (사용되고 있어)

The wall is being painted.
[더(th) 월- 에즈(z) 비잉 페인티드]

(그) 벽은 페인트칠 되고 있어.

The car is being washed.
[더(th) 칼(r)- 에즈(z) 비잉 워-쉬트]

그 차는 세차되고 있어.

The car is being fixed.
[더(th) 칼(r) 에즈(z) 비잉 퓔쓰트]

그 차는 수리되고 있어.

They are being punished.
[데(th)이 알(r) 비잉 퍼니쉬트]

그들은 벌을 받고 있어.

The flowers are being watered.
[더(th) 플(f)라월쓰 알(r) 비잉 워-럴(l/r)드]

(그) 꽃들에 물이 뿌려지고 있어. (의역)

동사표현(빨강), 전치사 + 명사(파랑)

다음 문장을 영어로 말해 보세요.　바로 나오지 않으면 Step2를 복습하세요.

1 나는 Kate에게 (지금) 도움을 받고 있어. (Kate에 의해)

🎤 **I am being helped by Kate.**

2 그 컴퓨터는 사용 중이야. (사용되고 있어)

🎤

3 (그) 벽은 페인트칠 되고 있어.

🎤

4 그 차는 세차되고 있어.

🎤

5 그 차는 수리되고 있어.

🎤

6 그들은 벌을 받고 있어.

🎤

7 (그) 꽃들에 물이 뿌려지고 있어. (의역)

🎤

≪ 정답은 앞 페이지에서 확인하세요.

당한 적 있는 일 (수동태 현재완료 경험)

I / You / We / They + have been 과거분사(p.p.).
[아이/유/위/데(th)이 해브(v) 빈 ~]

He / She / It + has been 과거분사(p.p.).
[히/쉬/잍 해즈(z) 빈 ~]

주어는 과거분사(p.p.)를 당한 적이 있어.
주어는 과거분사(p.p.) 된 적이 있어.

예

Kate has helped me.   Kate는 나를 도운 적이 있어.

I have been helped by Kate.

나는 Kate에 의해 도움 줌을 당한 적이 있어. (직역)
나는 Kate에게 도움을 받은 적이 있어. (의역)

현재완료형 수동태 만드는 순서

① 능동태의 **목적어**를 수동태의 **주어 자리**에 놓고 그에 맞는 형태로 쓴다.
② 현재완료형 동사(have p.p. 또는 has p.p.)를 **have been 과거분사**(p.p.) 또는
has been 과거분사(p.p.) 형태로 바꾼다.
단, 현재완료 수동태에 들어가는 have 또는 has의 형태는 **수동태 문장의
주어에 맞춰 써야 한다.**
③ 능동태의 주어를 **by 명사** 형태로 바꾸어 문장의 뒤에 위치시킨다.
④ **by 명사**는 필요에 따라 생략할 수 있다. (반드시 생략해야 하는 것은 아님)

단어를 듣고 따라 말해 보세요. MP3 46-1

| be 과거분사(p.p.) | 1번 말하고 한 칸 체크 ☑☐☐☐☐ |

be helped
[비 헲트]

도움 줌을 당하다
→ 도움 받다

be betrayed
[비 비트뤠이드]

배신함을 당하다
→ 배신당하다

be bitten
[비 빝은][비 비튼]

묾을 당하다
→ 물리다

be stung
[비 스텅]

쏘임을 당하다
→ 쏘이다

be arrested
[비 어뤠스티드]

체포를 당하다
→ 체포되다

be trained
[비 트뤠인드][비 츠뤠인드]

훈련시킴을 당하다
→ 훈련을 받다

be stalked
[비 스톸-트]

스토킹함을 당하다
→ 스토킹을 당하다

주어 + have/has been 과거분사(p.p.) (by 명사).

I have been helped by Kate.
[아이 해브(v) 빈 헬트 바이 케이트]

나는 Kate에게 도움을 받은 적이 있어. (Kate에 의해)

I have been betrayed by my friends.
[아이 해브(v) 빈 비트뤠이드 바이 마이 프(f)뤤즈]

나는 친구들에게 배신당해본 적이 있어.

I have been bitten by a dog.
[아이 해브(v) 빈 빝은 바이 어 도-그]

나는 개에게 물려본 적이 있어.

I have been stung by a bee.
[아이 해브(v) 빈 스텅 바이 어 비-]

나는 벌에게 쏘여본 적이 있어.

They have been arrested.
[데(th)이 해브(v) 빈 어뤠스티드]

그들은 체포된 적이 있어.

He has been trained in the army.
[히 해즈(z) 빈 트뤠인드 인 디(th) 알(r)-미]

그는 군대에서 훈련을 받은 적이 있어.

She has been stalked.
[쉬 해즈(z) 빈 스톡-트]

그녀는 스토킹을 당한 적이 있어.

* stalk는 나쁜 행위이지만 알아두어야 하는 단어입니다.

동사표현(빨강), 전치사 + 명사(파랑)

다음 문장을 영어로 말해 보세요. 바로 나오지 않으면 Step2를 복습하세요.

1 나는 Kate에게 도움을 받은 적이 있어. (Kate에 의해)

🎤 **I have been helped by Kate.**

2 나는 친구들에게 배신당해본 적이 있어.

🎤

3 나는 개에게 물려본 적이 있어.

🎤

4 나는 벌에게 쏘여본 적이 있어.

🎤

5 그들은 체포된 적이 있어.

🎤

6 그는 군대에서 훈련을 받은 적이 있어.

🎤

7 그녀는 스토킹을 당한 적이 있어.

🎤

≪정답은 앞 페이지에서 확인하세요.

UNIT 47 당한 적 없는 일 (수동태 현재완료 경험 부정)

I / You / We / They + have never been 과거분사(p.p.).
[아이/유/위/데(th)이 해브(v) 네붤(r) 빈 ~]

He / She / It + has never been 과거분사(p.p.).
[히/쉬/잍 해즈(z) 네붤(r) 빈 ~]

주어는 한 번도 과거분사(p.p.)를 당한 적이 없어.
주어는 결코 과거분사(p.p.)를 당한 적이 없어.

주어는 한 번도 과거분사(p.p.) 된 적이 없어.
주어는 결코 과거분사(p.p.) 된 적이 없어.

예

Kate has never helped me.   Kate는 한 번도 나를 도운 적이 없어.

I have never been helped by Kate.

나는 Kate에 의해 한 번도 도움 줌을 당한 적이 없어. (직역)
나는 Kate에게 한 번도 도움을 받은 적이 없어. (의역)

① 능동태의 **목적어**를 수동태의 **주어 자리**에 놓고 그에 맞는 형태로 쓴다.
② 현재완료형 동사(have never p.p. 또는 has never p.p.)를
   have never been 과거분사(p.p.) 또는 **has never been 과거분사(p.p.)** 형태로
   바꾼다. (never 대신 not를 써도 되지만, 부정의 의미를 강조할 때는 never을 쓴다.)
③ 능동태의 주어를 **by 명사** 형태로 바꾸어 문장의 뒤에 위치시킨다.
④ **by 명사**는 필요에 따라 생략할 수 있다. (반드시 생략해야 하는 것은 아니다.)

be 과거분사(p.p.)　　1번 말하고 한 칸 체크　☑ ☐ ☐ ☐ ☐

be helped
[비 헲트]

도움 줌을 당하다
→ 도움 받다

be invited
[비 인봐이리드][비 인봐이티드]

초대함을 당하다
→ 초대되다, 초대받다

be bitten
[비 빝은][비 비튼]

묾을 당하다
→ 물리다

be mugged
[비 머그드]

강도짓을 당하다
→ 강도당하다

be educated
[비 에듀케이리드][비 에듀케이티드]

교육을 당하다
→ 교육을 받다

be used
[비 유-즈(z)드]

사용 당하다
→ 사용되다

be asked out
[비 애슫트 아웉]

데이트 신청을 당하다
→ 데이트 신청을 받다

주어 + have/has never been 과거분사(p.p.) **(by 명사)**.

I have never been helped.
[아이 해브(v) 네붤(v/r) 빈 헲트]

나는 한 번도 도움을 받아본 적이 없어.

I have never been invited.
[아이 해브(v) 네붤(v/r) 빈 인봐이리드]

나는 한 번도 초대되어 본 적이 없어.

I have never been bitten by a snake.
[아이 해브(v) 네붤(v/r) 빈 빝은 바이 어 스네이크]

나는 한 번도 뱀에 물려본 적이 없어.

I have never been mugged.
[아이 해브(v) 네붤(v/r) 빈 머그드]

나는 한 번도 강도당해 본 적이 없어.

They have never been educated.
[데(th)이 해브(v) 네붤(v/r) 빈 에듀케이리드]

그들은 한 번도 교육을 받은 적이 없어.

It has never been used.
[잍 해즈(z) 네붤(v/r) 빈 유-즈(z)드]

그것은 한 번도 사용된 적이 없어.

She has never been asked out.
[쉬 해즈(z) 네붤(v/r) 빈 애슼트 아웉]

그녀는 한 번도 데이트 신청을 받아 본 적이 없어.

동사표현(빨강), 전치사 + 명사(파랑)

221

1 나는 한 번도 도움을 받아본 적이 없어.

🎙 **I have never been helped.**

2 나는 한 번도 초대되어 본 적이 없어.

🎙

3 나는 한 번도 뱀에 물려본 적이 없어.

🎙

4 나는 한 번도 강도당해 본 적이 없어.

🎙

5 그들은 한 번도 교육을 받은 적이 없어.

🎙

6 그것은 한 번도 사용된 적이 없어.

🎙

7 그녀는 한 번도 데이트 신청을 받아 본 적이 없어.

🎙

≪ 정답은 앞 페이지에서 확인하세요.

수동태를 사용하는 이유

① 주어에 초점을 맞추어 강조하고자 하는 경우
② 주어가 누구인지 모르는 경우
③ 주어가 누구인지 너무 분명한 경우
④ 주어가 누구인지 중요하지 않은 경우
⑤ 불필요한 정보를 삭제하고 싶은 경우

핵심 설명

영어도 하나의 언어이기 때문에 전달하고자 하는 메시지나 상황에 따라 말하는 방식을 다르게 할 필요가 있습니다.

수동태(be+p.p.)로 말을 해야 하는 상황은 아래와 같습니다.

① **강조하고 싶은 명사**를 **주어 자리**에 놓아 문장의 주인공으로 만들어줍니다.

② **누가 한 일인지 모를 때**는 문장에서 없애는 편이 더 좋습니다.

③ **누가 한 일인지가 너무 분명**하면 필요 없는 정보가 될 수 있습니다.

④ **행동의 주체**가 특정한 인물이 아니라 **불특정 다수**를 가리킨다면 그 정보의 중요도가 낮아질 수 있습니다.

⑤ **누가 한 일인지 중요하지 않거나 그것이 불필요한 정보**인 경우,
문장이 길어지는 것이 의미전달에 방해가 될 수 있으므로 문장에서 삭제하는 것이 의미전달에 도움이 될 수 있습니다.

알아둘 것

영어에서 **주어**는 문장의 주체, 다시 말해 **문장에서의 주인공**입니다.

주어를 무엇으로 하느냐에 따라 문장의 어감이 달라질 수 있기 때문에 말하고자 하는 의도에 따라 주어를 적절히 쓸 수 있어야 합니다. 다양한 상황에서의 영어 표현을 많이 접해보는 것이 미묘한 차이에 익숙해지는 최선의 방법 중 하나입니다.

능동태   1번 듣고 한 칸 체크 ☑☐☐☐☐

They will invite me to the party.
[데(th)이 윌 인봐이트 미 투 더(th) 파-뤼]

그들은 나를 그 파티에 초대할 거야.

Someone wrote this poem in the 1960s.
[썸원 로(r)(우)트 디(th)쓰 포음 인 더(th) 나인틴 씩쓰티즈]

누군가 이 시를 1960년대에 썼어.

The police arrested the thief last week.
[더(th) 플리-쓰 어뤠스티드 더(th) 띠(th)-프(f) 래스트 위-크]

경찰이 지난주에 그 도둑을 체포했어.

People speak English all over the world.
[피-플 스픽- 잉글리쉬 올- 오(우)붤(r) 더(th) 월(r)-드]

사람들은 전 세계적으로 영어를 말한다.

Mrs. Kim cleans the office every day.
[미세쓰 킴 클린-즈(z) 디(th) 어-퓌쓰 에브(v)뤼 데이]

김 여사님이 매일 그 사무실을 청소한다.

수동태

1번 말하고 한 칸 체크 ☑ ☐ ☐ ☐ ☐

I will be invited to the party.
[아이 윌 비 인봐이리드 투 더(th) 파-뤼]

나는 그 파티에 초대될 거야.

* 누가 초대할 것인지 보다 내가 초대될 것이라는 사실에 초점을 맞춰
말하고 싶은 경우, 수동태를 통해 I(나)를 주어 자리에 위치시켜요.

This poem was written in the 1960s.
[디(th)쓰 포음 워즈(z) 륃은 인 더(th) 나인틴 씩쓰티즈]

이 시는 1960년대에 쓰여졌어.

* by someone(누군가에 의해)처럼 누구의 행위인지 모르는 경우
굳이 쓸 필요가 없어요.

The thief was arrested last week.
[더(th) 띠(th)-프(f) 워즈(z) 어뤠스티드 래스트 위-크]

그 도둑은 지난주에 체포되었어.

* by the police(경찰에 의해)라는 것은 너무 분명해서
굳이 쓸 필요가 없어요.

English is spoken all over the world.
[잉글리쉬 E즈(z) 스포(우)큰 올- 오(우)붜(r) 더(th) 월(r)-드]

영어는 전 세계적으로 사용된다. (말해진다)

* 불특정 다수를 나타내는 people(사람들)이라는 말은
의미 전달에 있어 중요하지 않아 굳이 쓸 필요가 없어요.

The office is cleaned every day.
[디(th) 어-퓌쓰 E즈(z) 클린-드 에브(v)뤼 데이]

그 사무실은 매일 청소된다.

* 누가 청소하는지가 불필요한 정보라면 삭제하는 것이
의미 전달에 있어 더 좋아요.

동사표현(빨강), 부사(초록), 전치사 + 명사(파랑)

1 나는 그 파티에 초대될 거야.

🎤 I will be invited to the party.

2 이 시는 1960년대에 쓰여졌어.

🎤

3 그 도둑은 지난주에 체포되었어.

🎤

4 영어는 전 세계적으로 사용된다. (말해진다)

🎤

5 그 사무실은 매일 청소된다.

🎤

《 정답은 앞 페이지에서 확인하세요.

수동태 활용 시 유의할 점

 MP3 48-3

1 수동태는 필요할 때만 쓰기!

일반적으로 수동태를 쓰고 '전치사+명사'와 같은 부가적 설명을 없애지 않으면 문장이 길어지게 됩니다. 가끔 영어를 무조건 길게 말하고 복잡한 구조를 써서 말하는 것이 영어를 잘하는 것이라고 생각하는 경우가 있는데, 문장이 무조건 길어야 좋은 것은 아니며 그렇다고 반드시 짧아야 하는 것도 아닙니다. 말하고자 하는 의도 또는 전달하고자 하는 내용에 따라 적절한 형태로 말하는 것이 좋습니다. **굳이 수동태를 쓰지 않아도 되는 경우에는 수동태를 쓰지 않는 것이 일반적으로 더 좋기 때문에**, Unit 48에서 설명한 상황과 같이 **수동태를 꼭 써야 하는 경우에만 수동태를 쓸 수 있도록 합니다.**

(좋은 문장) I like coffee. 나는 커피를 좋아해.

(나쁜 문장) Coffee is liked by me. 커피는 나에 의해 좋아함을 당해.
(불필요한 수동태 활용)

2 목적어가 없는 문장은 수동태로 쓸 수 없다!

영어 문장에는 반드시 주어와 동사가 있어야 합니다.
능동태의 **목적어**만이 수동태의 **주어**가 될 수 있기 때문에 목적어가 없는 문장은 수동태로 바꿔 말할 수 없습니다.
(＊명령문과 같은 특수한 문장에서 주어를 생략하고 말하는 경우가 있지만, 원칙적으로는 주어가 존재하는 것으로 간주됩니다.)

수동태를 쓸 수 없는 문장

예 I arrived at 5:00 p.m. 나는 오후 5시에 도착했어.
You look happy. 너는 행복해 보여.
위의 두 문장에는 수동태의 주어가 될 수 있는 목적어가 없습니다.

부록

01 다양한 현재완료(have p.p. & has p.p.) 용법

	쓰임	예문
1	경험에 대해 말할 때	**I've played golf.** 나는 골프를 쳐 본 적 있어. **She's ridden a horse.** 그녀는 말을 타본 적 있어.
2	방금 끝난 일에 대해 말할 때	**I've just had breakfast.** 나는 막 아침을 먹었어. **He's just arrived.** 그는 막 도착했어.
3	이미 한 일에 대해 말할 때	**I've already had lunch.** 나는 이미 점심을 먹었어. **He's already arrived.** 그는 이미 도착했어.
4	아직 하지 않은 일에 대해 말할 때	**I haven't had dinner yet.** 나는 아직 저녁을 안 먹었어. **He hasn't arrived yet.** 그는 아직 도착하지 않았어.
5	과거에 한 일 또는 일어난 일이 현재 결과적으로 영향을 줄 때	**I've cleaned my room.** 나는 내 방을 청소했어. (그래서 방이 깨끗함) **She's lost her passport.** 그녀는 그녀의 여권을 잃어 버렸어. (그래서 지금 여권이 없음)
6	과거부터 지금까지 일어나고 있거나 해오고 있는 일	**I've known him for 20 years.** 나는 20년째 그를 알고 지내오고 있어. **She's lived in Seoul since 2002.** 그녀는 2002년부터 서울에서 살고 있어.

＊'ve는 have, 's는 has를 줄인 형태입니다.

02 대표적인 불규칙 동사 80

	동사원형	과거	과거분사(p.p.)	뜻
1	be	was / were	been	~이다, 있다
2	go	went	gone	가다
3	come	came	come	오다
4	eat	ate	eaten	먹다
5	drink	drank	drunk	마시다
6	do	did	done	하다
7	buy	bought	bought	사다
8	sell	sold	sold	팔다
9	give	gave	given	주다
10	feel	felt	felt	느끼다
11	hear	heard	heard	듣다
12	see	saw	seen	보다
13	tell	told	told	말해주다
14	say	said	said	말하다
15	speak	spoke	spoken	말하다, 대화하다
16	think	thought	thought	생각하다
17	know	knew	known	알다
18	forget	forgot	forgotten	잊다
19	meet	met	met	만나다
20	make	made	made	만들다

	동사원형	과거	과거분사(p.p.)	뜻
21	have	had	had	가지고 있다
22	get	got	got/gotten	받다
23	take	took	taken	가져가다, 데려가다
24	bring	brought	brought	가져오다, 데려오다
25	become	became	become	~이 되다
26	leave	left	left	떠나다
27	sleep	slept	slept	자다
28	teach	taught	taught	가르치다
29	send	sent	sent	보내다
30	find	found	found	찾다, 발견하다
31	hide	hid	hidden	숨다, 숨기다
32	lend	lent	lent	빌려주다
33	pay	paid	paid	지불하다
34	begin	began	begun	시작하다
35	break	broke	broken	깨다
36	hurt	hurt	hurt	다치게 하다
37	put	put	put	놓다
38	lose	lost	lost	지다, 잃어버리다
39	win	won	won	이기다, 승리하다
40	wear	wore	worn	입다, 착용하다

	동사원형	과거	과거분사(p.p.)	뜻
41	run	ran	run	달리다
42	sing	sang	sung	노래 부르다
43	swim	swam	swum	수영하다
44	throw	threw	thrown	던지다
45	catch	caught	caught	잡다
46	hit	hit	hit	치다, 때리다
47	lie	lay	lain	눕다
48	sit	sat	sat	앉다
49	stand	stood	stood	서다
50	understand	understood	understood	이해하다
51	read	*read	*read	읽다
52	write	wrote	written	(글을) 쓰다
53	steal	stole	stolen	훔치다
54	spend	spent	spent	(돈, 시간을) 사용하다
55	bite	bit	bitten	물다, 깨물다
56	build	built	built	건설하다
57	drive	drove	driven	운전하다
58	fly	flew	flown	날다
59	ride	rode	ridden	(말, 자전거를) 타다
60	fall	fell	fallen	떨어지다

	동사원형	과거	과거분사(p.p.)	뜻
61	choose	chose	chosen	선택하다
62	hold	held	held	잡고 있다
63	keep	kept	kept	지키다
64	quit	quit	quit	관두다
65	shut	shut	shut	닫다
66	hang	hung	hung	걸다
67	cut	cut	cut	자르다
68	tear	tore	torn	찢다
69	beat	beat	beaten	두들겨 패다
70	draw	drew	drawn	그리다, 끌다
71	grow	grew	grown	자라다
72	fight	fought	fought	싸우다
73	shoot	shot	shot	(총) 쏘다
74	cost	cost	cost	~의 비용이 들다
75	wake up	woke up	woken up	(잠에서) 깨다
76	ring	rang	rung	벨이 울리다
77	mean	meant	meant	의미하다
78	blow	blew	blown	(바람이) 불다
79	rise	rose	risen	떠오르다
80	shine	shone	shone	반짝이다

MP3 49-3

03 최우선 회화 필수 형용사 78

1	나는 배고파.	27	그는 인기 있어.	53	그것은 느려.
2	나는 목말라.	28	그녀는 수줍음이 많아.	54	그것은 달콤해.
3	나는 졸려.	29	그녀는 외향적이야.	55	그것은 (맛이) 짜.
4	나는 피곤해.	30	그녀는 살가워.	56	그것은 매워.
5	나는 아파.	31	그녀는 정직해.	57	그것은 (맛이) 써.
6	나는 바빠.	32	그녀는 용감해.	58	그것은 (맛이) 셔.
7	나는 준비가 되었어.	33	그녀는 책임감 있어.	59	그것은 기름져/느끼해.
8	나는 행복해.	34	그녀는 이상해.	60	그것은 신선해.
9	나는 화났어.	35	그것은 좋아.	61	그것은 즙이 많아.
10	나는 슬퍼.	36	그것은 안 좋아.	62	그것은 (육질이) 연해.
11	나는 우울해.	37	그것은 쉬워.	63	그것은 (육질이) 질겨.
12	나는 신나.	38	그것은 어려워.	64	(날씨) 화창해.
13	나는 긴장했어.	39	그것은 (가격이) 싸.	65	(날씨) 구름 꼈어.
14	나는 걱정돼.	40	그것은 비싸.	66	(날씨) 안개 꼈어.
15	나는 두려워.	41	그것은 새로워.	67	(날씨) 비가 와.
16	나는 놀랐어.	42	그것은 낡았어.	68	(날씨) 눈이 와.
17	나는 충격 받았어.	43	그것은 커.	69	(날씨) 바람이 불어.
18	너는 웃겨.	44	그것은 작아.	70	(날씨) 습해.
19	너는 친절해.	45	그것은 길어.	71	(날씨) 건조해.
20	너는 무례해.	46	그것은 짧아.	72	(날씨) 어두워.
21	너는 이기적이야.	47	그것은 무거워.	73	(날씨) 더워.
22	너는 미쳤어.	48	그것은 가벼워.	74	(날씨) 따뜻해.
23	그는 똑똑해.	49	그것은 깨끗해.	75	(날씨) 시원해.
24	그는 부유해.	50	그것은 더러워.	76	(날씨) 쌀쌀해.
25	그는 가난해.	51	그것은 역겨워.	77	(날씨) 추워.
26	그는 유명해.	52	그것은 빨라.	78	(날씨) 매우 추워.

1	I'm hungry.	27	He's popular.	53	It's slow.
2	I'm thirsty.	28	She's shy.	54	It's sweet.
3	I'm sleepy.	29	She's outgoing.	55	It's salty.
4	I'm tired.	30	She's friendly.	56	It's spicy.
5	I'm sick.	31	She's honest.	57	It's bitter.
6	I'm busy.	32	She's brave.	58	It's sour.
7	I'm ready.	33	She's responsible.	59	It's greasy.
8	I'm happy.	34	She's strange.	60	It's fresh.
9	I'm angry.	35	It's good.	61	It's juicy.
10	I'm sad.	36	It's bad.	62	It's tender.
11	I'm depressed.	37	It's easy.	63	It's tough.
12	I'm excited.	38	It's difficult.	64	It's sunny.
13	I'm nervous.	39	It's cheap.	65	It's cloudy.
14	I'm worried.	40	It's expensive.	66	It's foggy.
15	I'm afraid.	41	It's new.	67	It's rainy.
16	I'm surprised.	42	It's old.	68	It's snowy.
17	I'm shocked.	43	It's big.	69	It's windy.
18	You're funny.	44	It's small.	70	It's humid.
19	You're kind.	45	It's long.	71	It's dry.
20	You're rude.	46	It's short.	72	It's dark.
21	You're selfish.	47	It's heavy.	73	It's hot.
22	You're crazy.	48	It's light.	74	It's warm.
23	He's smart.	49	It's clean.	75	It's cool.
24	He's rich.	50	It's dirty.	76	It's chilly.
25	He's poor.	51	It's disgusting.	77	It's cold.
26	He's famous.	52	It's fast.	78	It's freezing (cold).

04 비교급 형용사 & 최상급 형용사 30

	(기본) 형용사	비교급 형용사	최상급 형용사
1	**good** 좋은	**better** 더 좋은	**(the) best** 가장 좋은, 최고의
2	**bad** 나쁜, 안 좋은	**worse** 더 나쁜, 더 안 좋은	**(the) worst** 가장 나쁜, 가장 안 좋은, 최악의
3	**young** 어린	**younger** 더 어린	**(the) youngest** 가장 어린
4	**old** 나이가 많은	**older, elder** 더 나이가 많은 (elder은 가족 간에만 사용)	**(the) oldest, (the) eldest** 가장 나이가 많은 (the eldest는 가족 간에만 사용)
5	**old** 오래된, 낡은	**older** 더 오래된, 더 낡은	**(the) oldest** 가장 오래된, 가장 낡은
6	**cold** 추운, 차가운	**colder** 더 추운, 더 차가운	**(the) coldest** 가장 추운, 가장 차가운
7	**cheap** (가격이) 싼	**cheaper** 더 싼	**(the) cheapest** 가장 싼
8	**small** 작은	**smaller** 더 작은	**(the) smallest** 가장 작은
9	**long** (길이가) 긴	**longer** 더 긴	**(the) longest** 가장 긴
10	**short** 짧은, 키가 작은	**shorter** 더 짧은, 더 키가 작은	**(the) shortest** 가장 짧은, 가장 키가 작은

	(기본) 형용사	비교급 형용사	최상급 형용사
11	nice 좋은, 착한	nicer 더 좋은, 더 착한	(the) nicest 가장 좋은, 가장 착한
12	safe 안전한	safer 더 안전한	(the) safest 가장 안전한
13	large 큰	larger 더 큰	(the) largest 가장 큰
14	big 큰	bigger 더 큰	(the) biggest 가장 큰
15	thin 얇은, 마른	thinner 더 얇은, 더 마른	(the) thinnest 가장 얇은, 가장 마른
16	hot 더운, 뜨거운	hotter 더 더운, 더 뜨거운	(the) hottest 가장 더운, 가장 뜨거운
17	easy 쉬운	easier 더 쉬운	(the) easiest 가장 쉬운
18	pretty 예쁜	prettier 더 예쁜	(the) prettiest 가장 예쁜
19	happy 행복한	happier 더 행복한	(the) happiest 가장 행복한
20	heavy 무거운	heavier 더 무거운	(the) heaviest 가장 무거운

	(기본) 형용사	비교급 형용사	최상급 형용사
21	**beautiful** 아름다운	**more beautiful** 더 아름다운	**(the) most beautiful** 가장 아름다운
22	**attractive** 매력적인	**more attractive** 더 매력적인	**(the) most attractive** 가장 매력적인
23	**difficult** 어려운	**more difficult** 더 어려운	**(the) most difficult** 가장 어려운
24	**careful** 조심성 있는	**more careful** 더 조심성 있는	**(the) most careful** 가장 조심성 있는
25	**important** 중요한	**more important** 더 중요한	**(the) most important** 가장 중요한
26	**interesting** 흥미로운	**more interesting** 더 흥미로운	**(the) most interesting** 가장 흥미로운
27	**comfortable** 편안한	**more comfortable** 더 편안한	**(the) most comfortable** 가장 편안한
28	**famous** 유명한	**more famous** 더 유명한	**(the) most famous** 가장 유명한
29	**popular** 인기 있는	**more popular** 더 인기 있는	**(the) most popular** 가장 인기 있는
30	**successful** 성공적인, 성공한	**more successful** 더 성공적인, 더 성공한	**(the) most successful** 가장 성공적인, 가장 성공한

05 비교급 부사 & 최상급 부사 10

	(기본) 부사	비교급 부사	최상급 부사
1	well 잘	better 더 잘	(the) best 가장 잘
2	badly 나쁘게, 안 좋게	worse 더 나쁘게, 더 안 좋게	(the) worst 가장 나쁘게, 가장 안 좋게
3	hard 열심히	harder 더 열심히	(the) hardest 가장 열심히
4	fast 빠르게	faster 더 빠르게	(the) fastest 가장 빠르게
5	early 일찍	earlier 더 일찍	(the) earliest 가장 일찍
6	high 높이	higher 더 높이	(the) highest 가장 높이
7	loud 소리 크게	louder 더 소리 크게	(the) loudest 가장 소리 크게
8	often 자주	more often 더 자주	(the) most often 가장 자주
9	slowly 천천히	more slowly 더 천천히	(the) most slowly 가장 천천히
10	commonly 흔히, 흔하게	more commonly 더 흔히, 더 흔하게	(the) most commonly 가장 흔히, 가장 흔하게

▶ 어션영어